小2までの

ひらがな カタカナ かん字 うまく書けるドリル

東京書籍

東京書籍 出版事業部 編著

書き文字：平形精逸／見城正訓

本書は、東京書籍 小学校国語科書写用 教科書『あたらしい しょしゃ 一』（令和３年２月10日発行）、『新しい しょしゃ 二』（令和３年２月10日発行）、準拠教材『しょしゃ れんしゅうちょう 一ねん ひらがな』、『しょしゃ れんしゅうちょう 一ねん かたかな・かんじ』、『しょしゃ れんしゅうちょう 二年 上』、『しょしゃ れんしゅうちょう 二年 下』の内容と書き文字をもとに、一般向け教材として再編集したものです。

もくじ

もじを　かく　しせい …… 4

1 ウォーミングアップ

えんぴつの　もちかた …… 6
えんぴつで　かいて　みよう …… 8

2 ひらがな

かきはじめと　かきおわり（「とめ」「はらい」） …… 12
「はね」と　かく　じゅんじょ …… 14
「まがり」 …… 16
「おれ」 …… 18
「むすび」（よこなが） …… 20
「むすび」（たてなが） …… 22
うまく　かく　コツの　かくにん …… 24
てん、まる、かぎ、ちいさく　かく　もじ …… 26
ひらがなの　ひょう …… 28
ひらがな　ぱずる …… 32
ぶんしょうを　かいて　みよう …… 34
すうじを　かこう …… 36

3 カタカナ

「とめ」「はね」「はらい」 …… 38

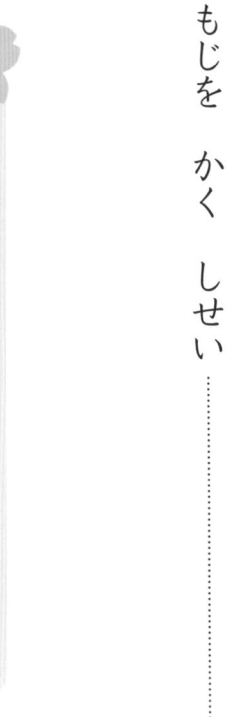

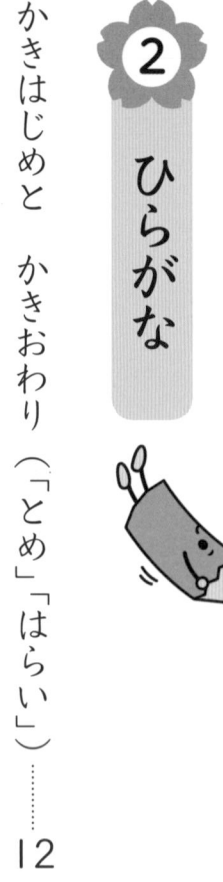

「おれ」「まがり」……40
うまく　かく　コツの　かくにん　①……42
うまく　かく　コツの　かくにん　②……44
うまく　かく　コツの　かくにん　③……46
カタカナの　ひょう……48
カタカナ　パズル……52

4 かん字《じ》

「止《と》め」「はね」「はらい」……56
「おれ」「まがり」「そり」……58
点画《てんかく》の　名前《なまえ》……60
ひつじゅんの　きまり……64
画《かく》の　長《なが》さ……66
画《かく》の　むきと、画《かく》と　画《かく》の　間《あいだ》……68
「おれ」の　むきと　「はらい」の　むき……70
文字《もじ》の　形《かたち》……72
文字《もじ》の　中心《ちゅうしん》……74
文《ぶん》しょうを　書《か》いて　みよう……76

5 一年生《いちねんせい》で学《まな》ぶかん字《じ》……79

日記《にっき》を　書《か》いて　みよう……100

6 二年生《にねんせい》で学《まな》ぶかん字《じ》……101

自分《じぶん》の　考《かんが》えを　書《か》いて　みよう……142

もじを　かく　しせい

きちんとした　しせいを　しないと、きれいな　もじは　かけないよ。
まずは、きちんとした　しせいを　してみよう。

せなかは　ぴん　と　のばす。
コツ

ひだりてで　もじを　かく　ひとは、みぎてで　かみを　おさえよう。

てで　とん　と　おさえる。
コツ

あしは　ぺた　と　つける。
コツ

1

ウォーミングアップ

うまく　できたら、なぞって　えを　かんせい　させよう。ドリルが　ぜんぶ　おわると、パラパラ　まんがに　なるよ。

1 ウォーミングアップ

えんぴつの　もちかた

もちかたを　たしかめて、
なんでも　よいので　かいてみよう。

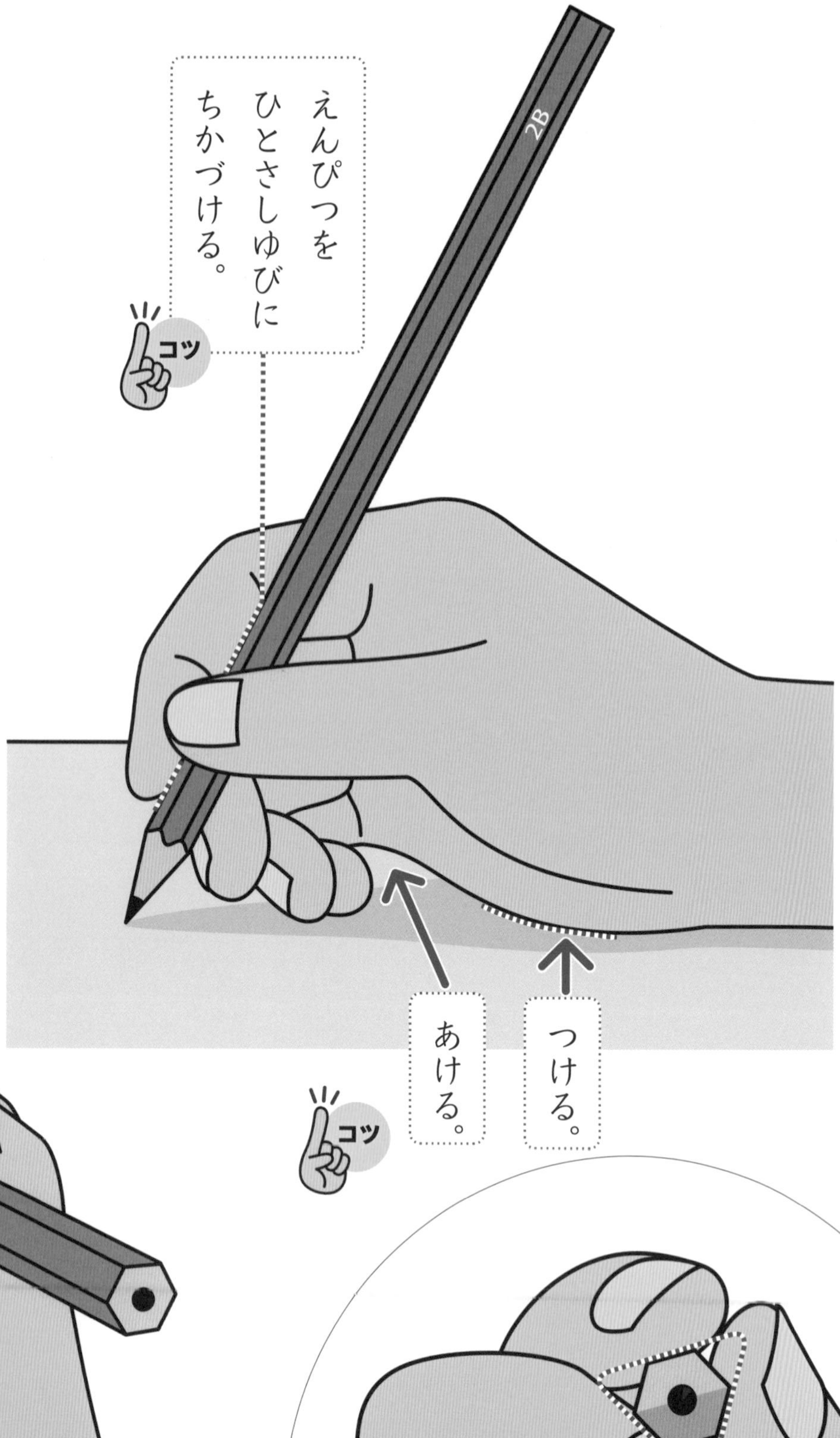
えんぴつを
ひとさしゆびに
ちかづける。
コツ
つける。
あける。
コツ
2B

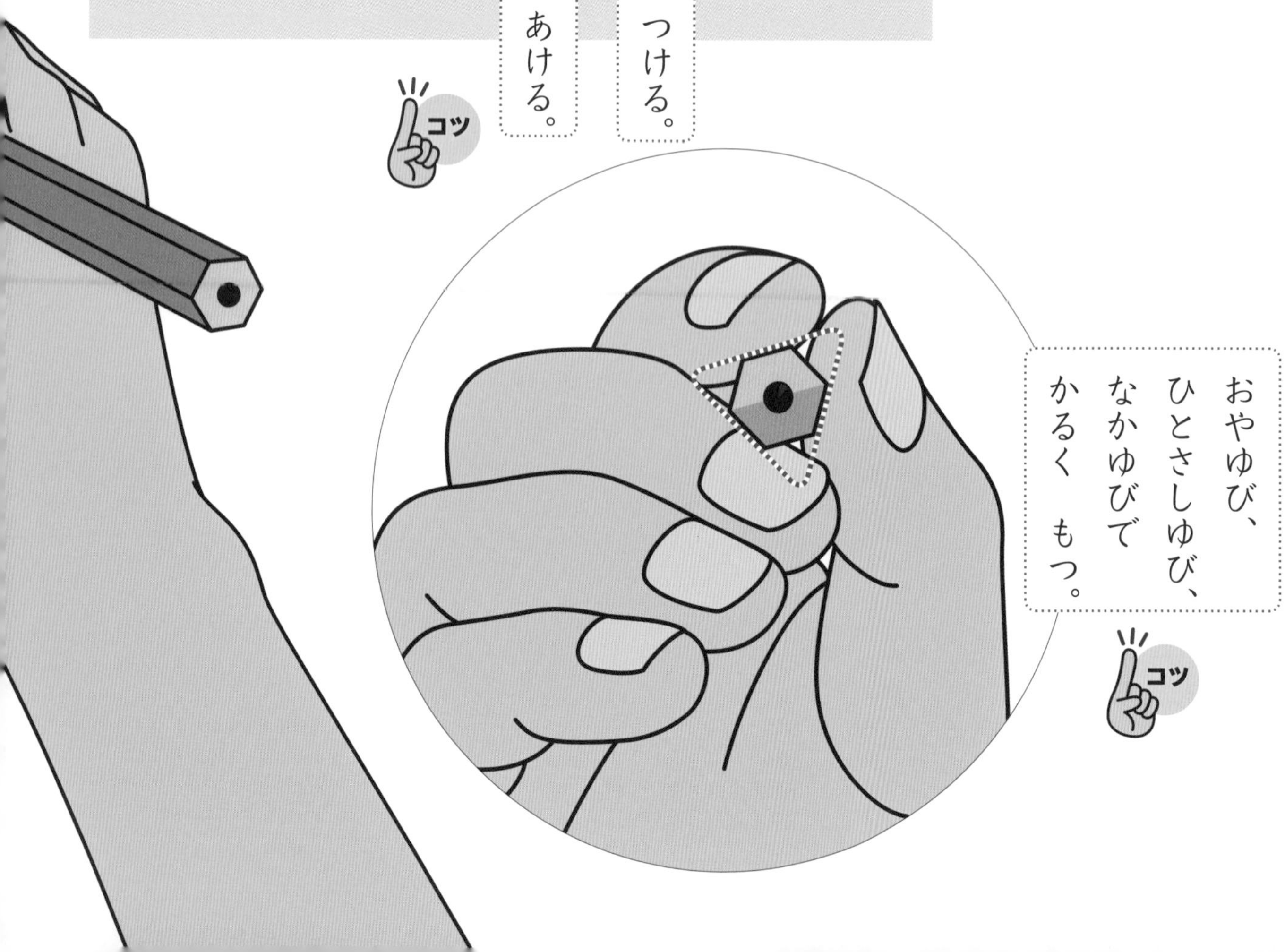
おやゆび、
ひとさしゆび、
なかゆびで
かるく　もつ。
コツ

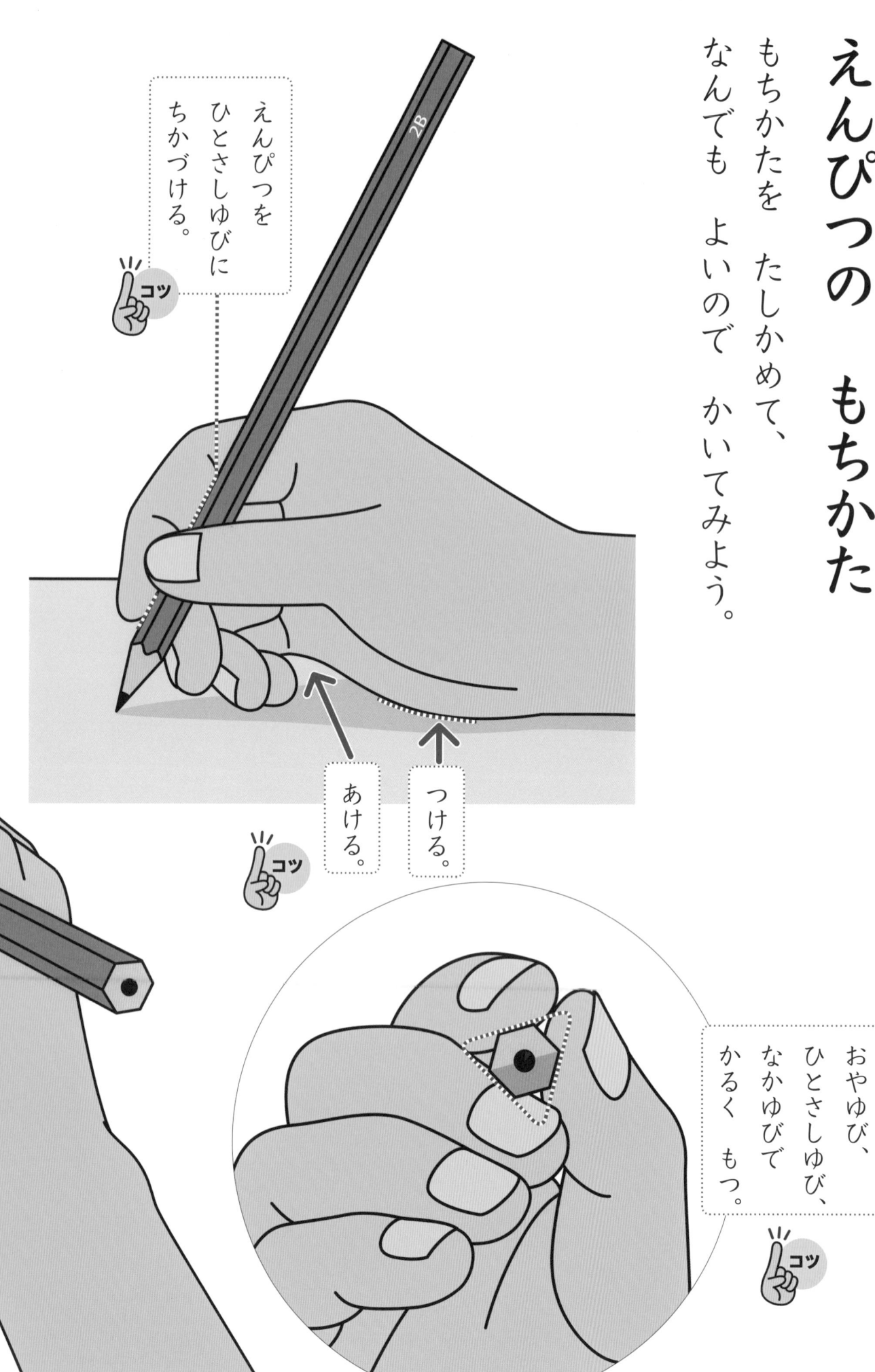

● ひだりてで　かく　ひとの　もちかた

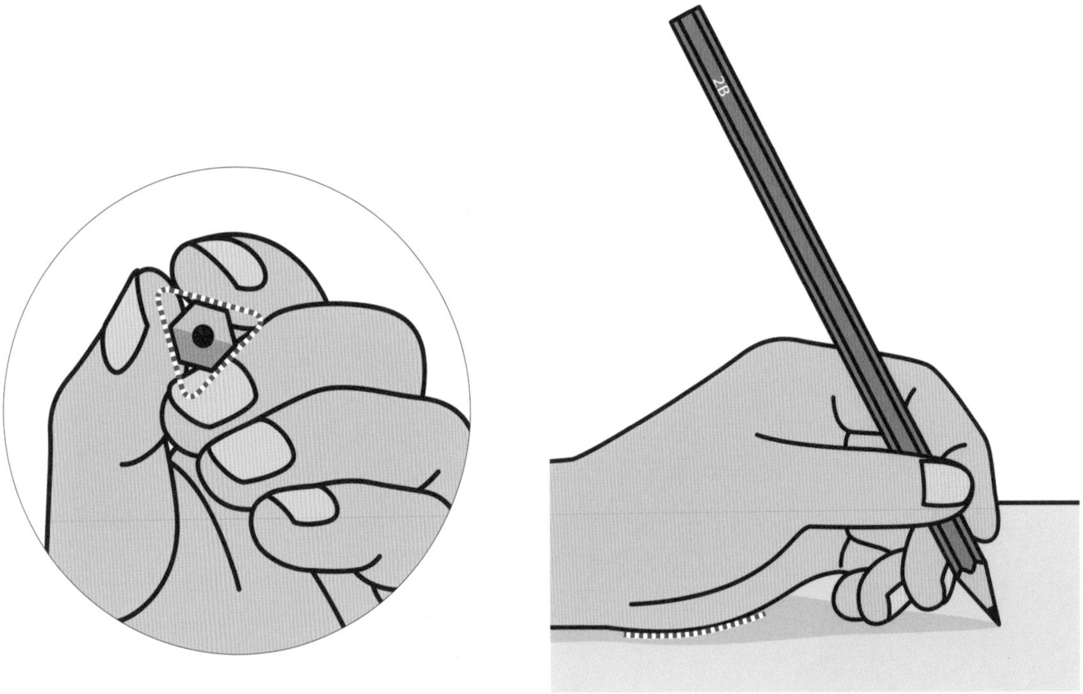

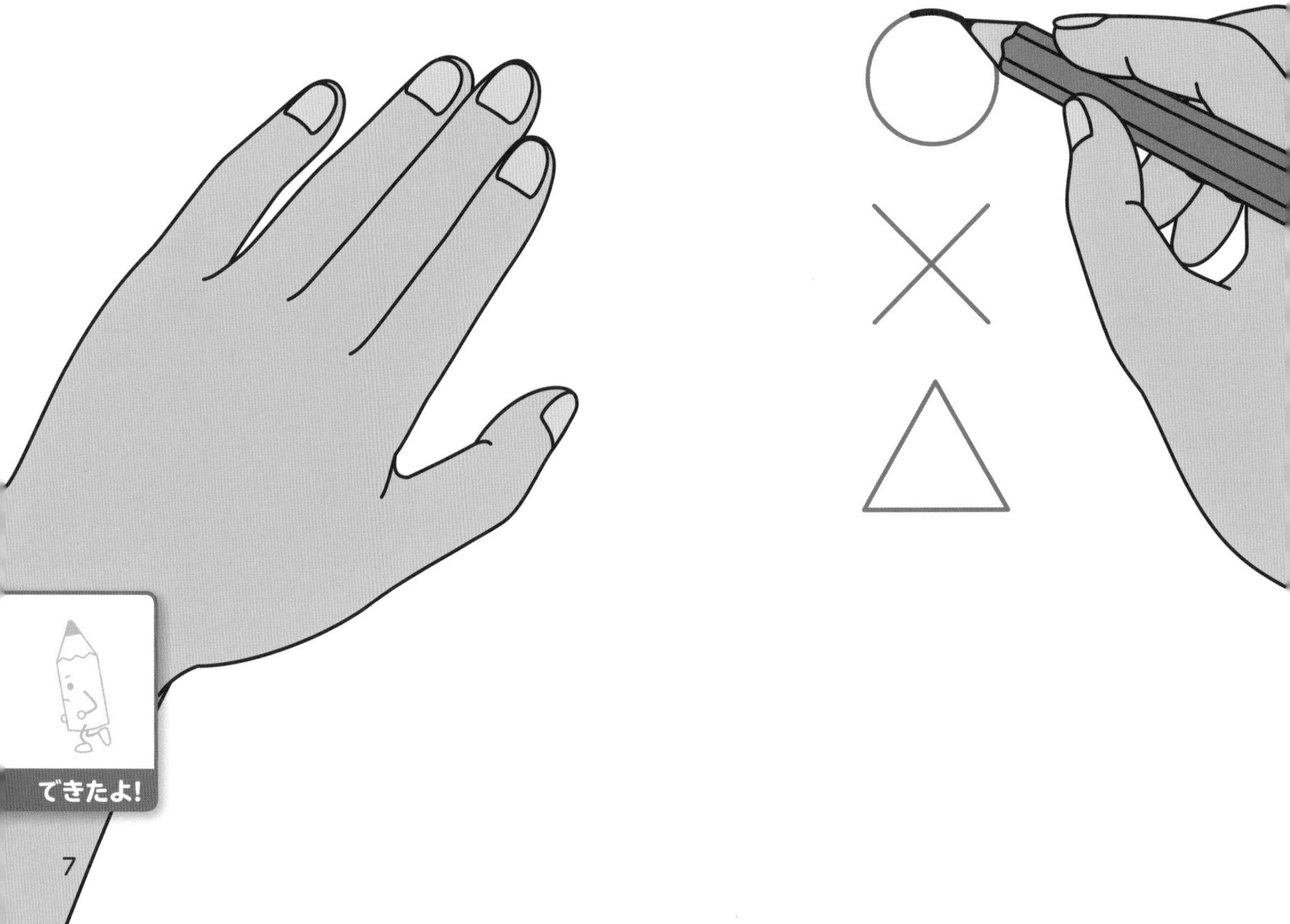

えんぴつで　かいて　みよう

① ★から　●に　むかって、はみださないように　せんを　かこう。

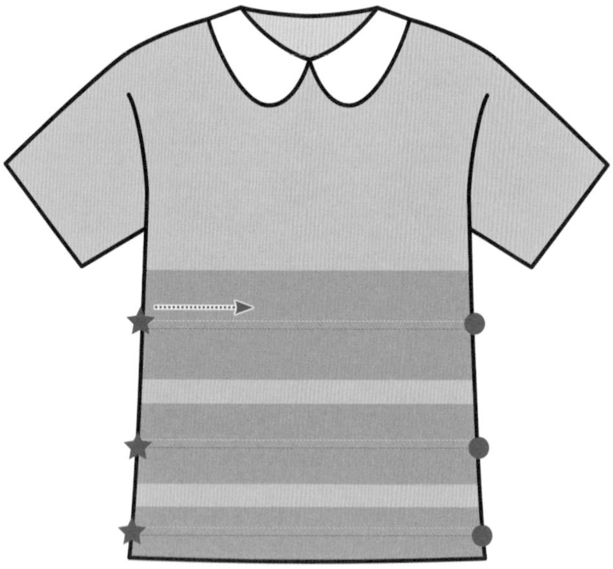

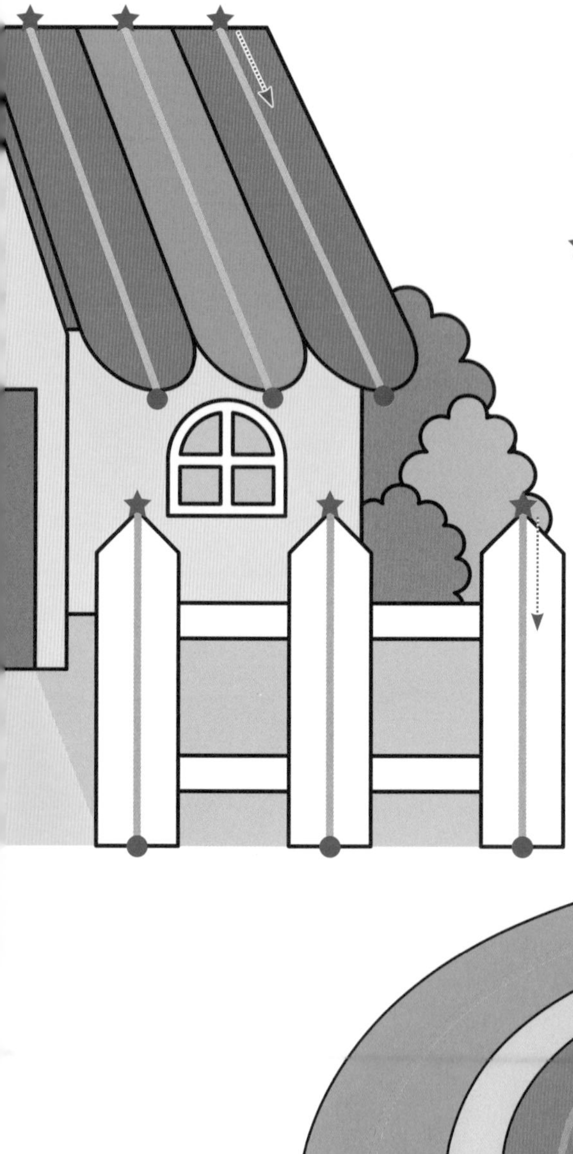

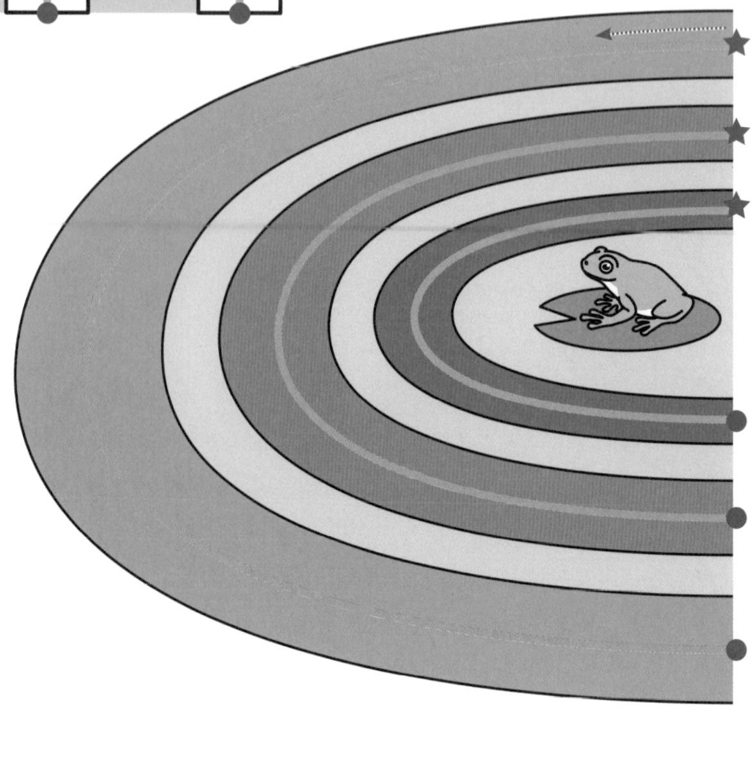

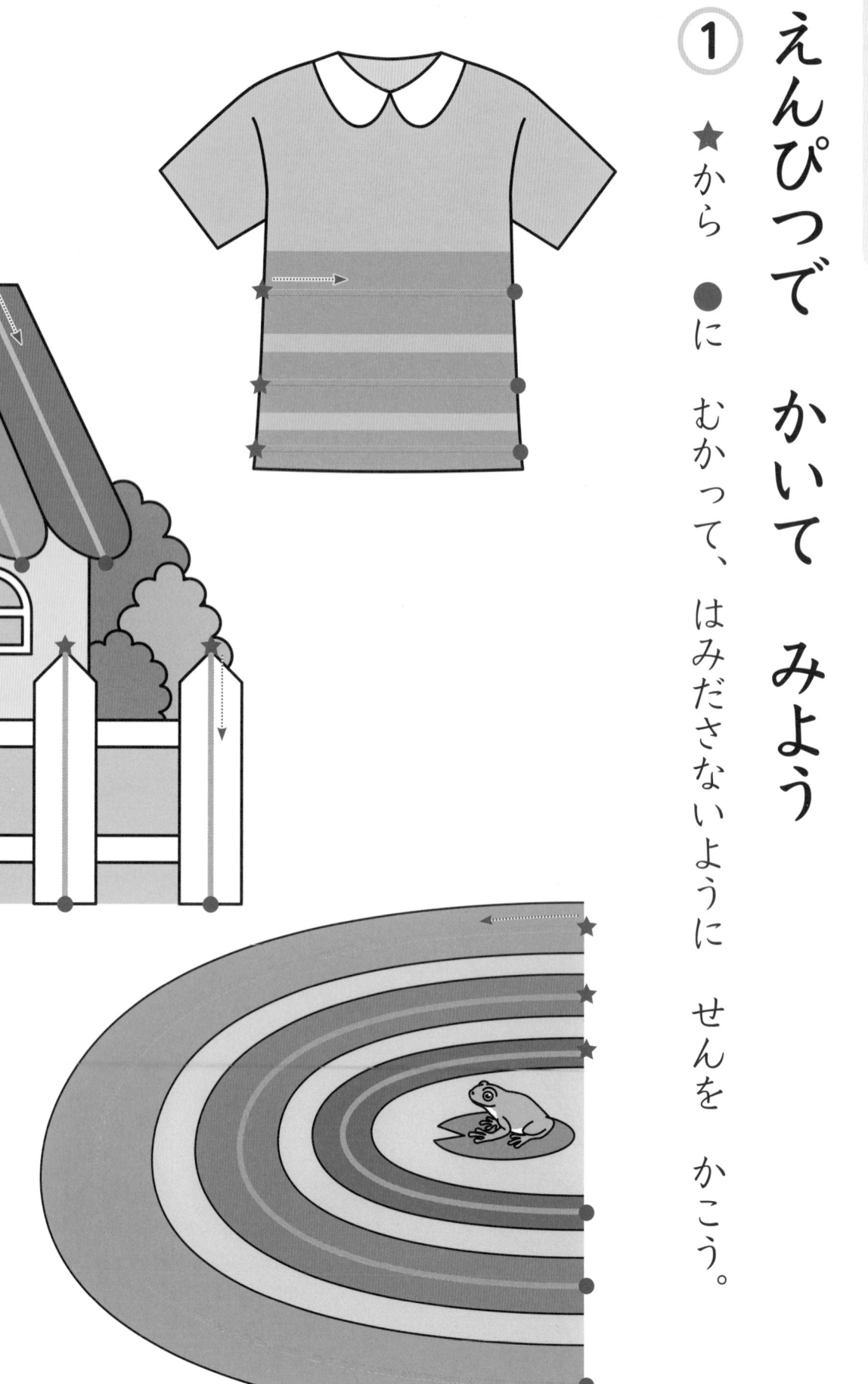

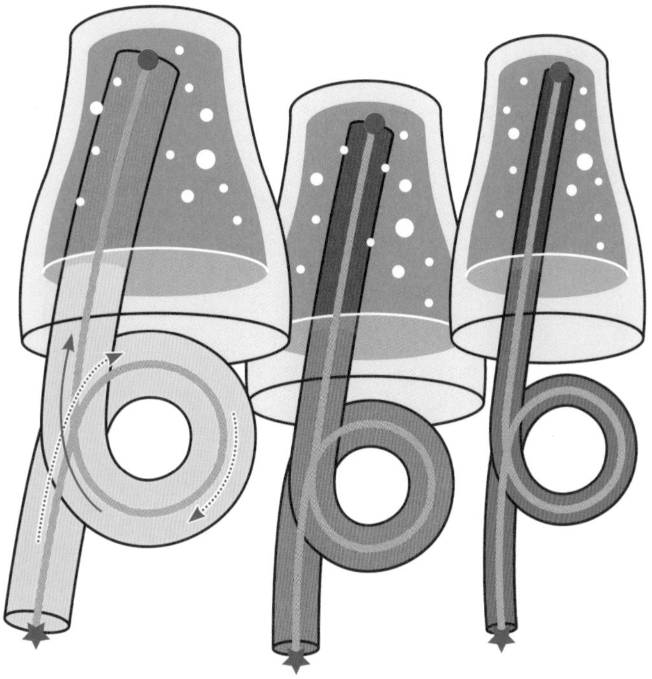

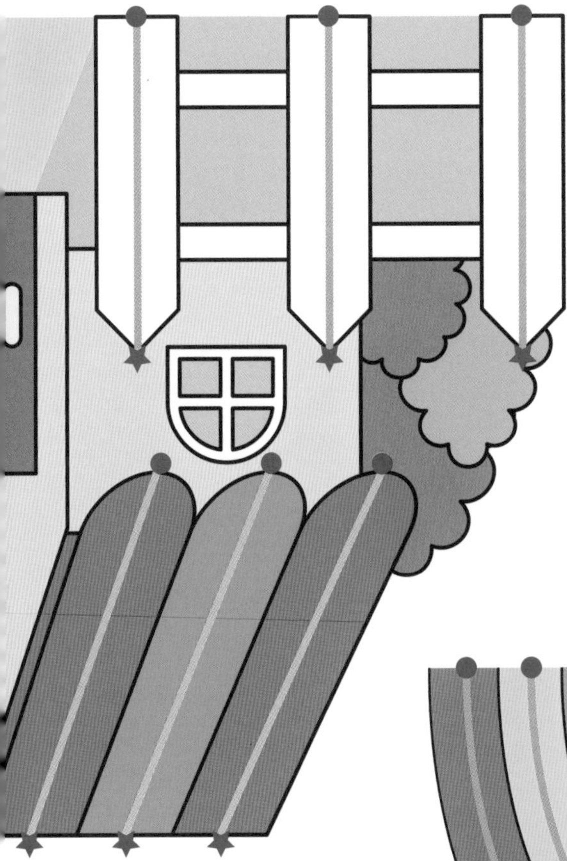

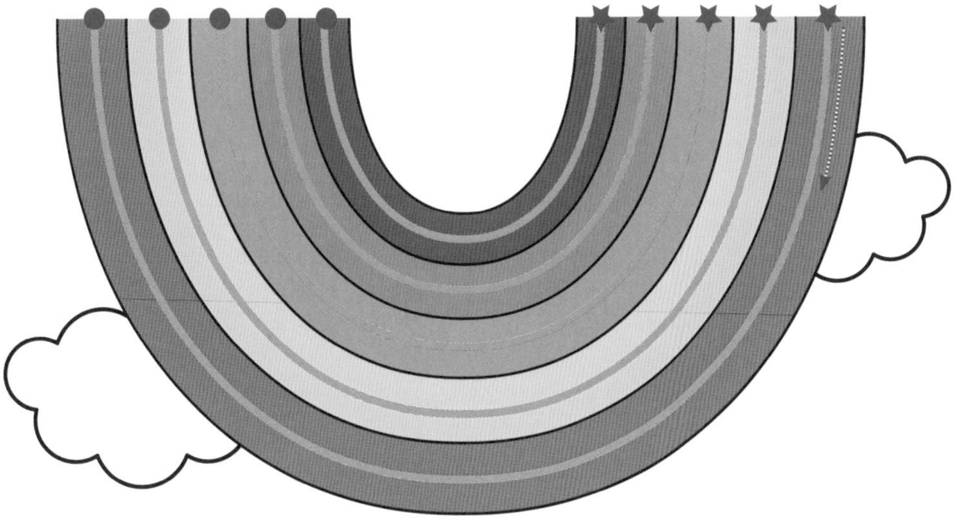

2

せんを　やじるしの　ほうこうに　なぞって
えを　かんせいさせよう。

2

ひらがな

かきはじめと　かきおわり（「とめ」「はらい」）

①　かきはじめから　かきおわりまでを　ゆびで　なぞろう。
かきおわりの　「とめ」と　「はらい」を　たしかめよう。

とん
ぴたっ
とめ
ぴたっと
とめる。
コツ

「とん」「ぴたっ」、
「とん」「すうっ」と
いいながら　かこう。

とん
すうっ
はらい
すうっと
はらう。
コツ

②「とめ」と「はらい」の れんしゅうを しよう。

えんぴつで ★から なぞり はじめよう。

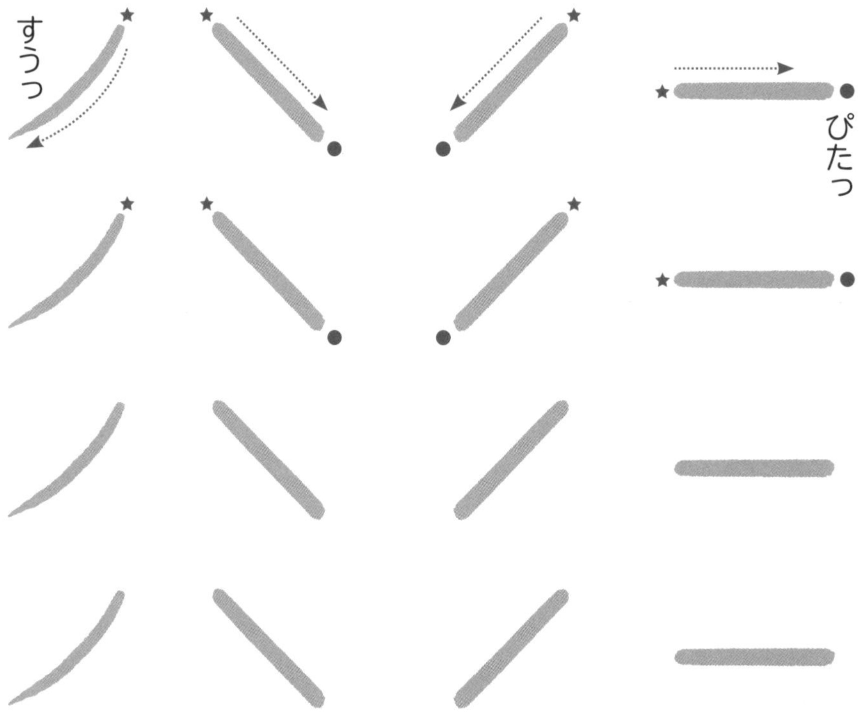

③ かきはじめ、かきおわりに きを つけて かこう。

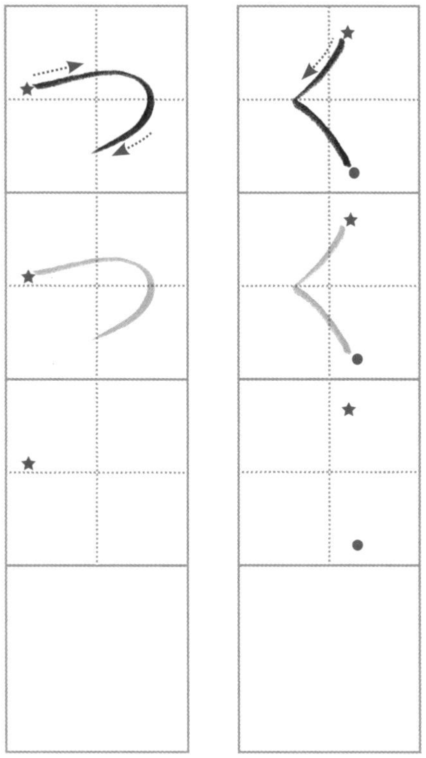

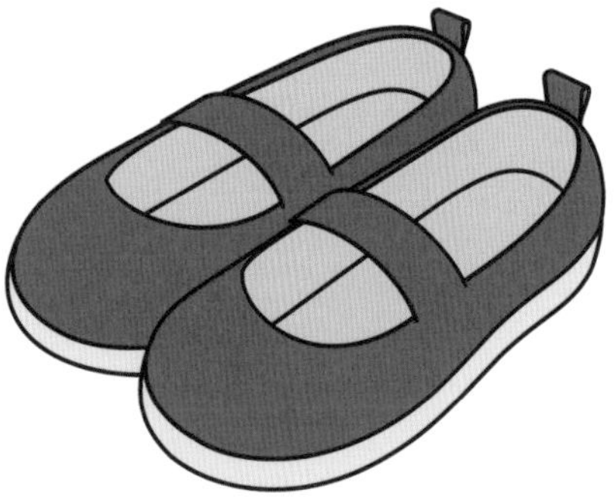

みぎてで かく ひとの らん

ひだりてで かく ひとの らん

できたよ!

ものしりこばなし

あしの この ぶぶんを なんと いうか? せいかいは、「つちふまず」。ちなみに、①は 「つまさき」、②は 「かかと」、③は 「くるぶし」と いう。

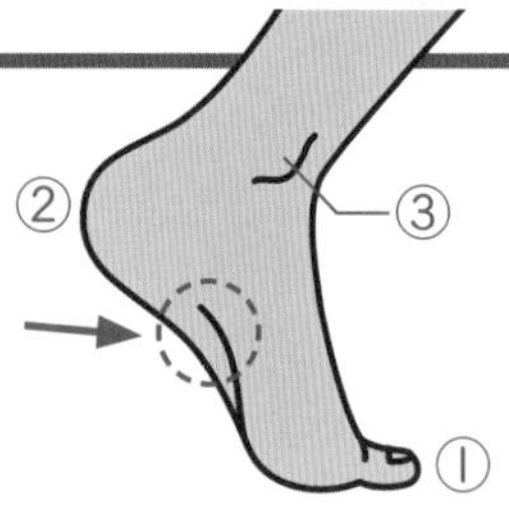

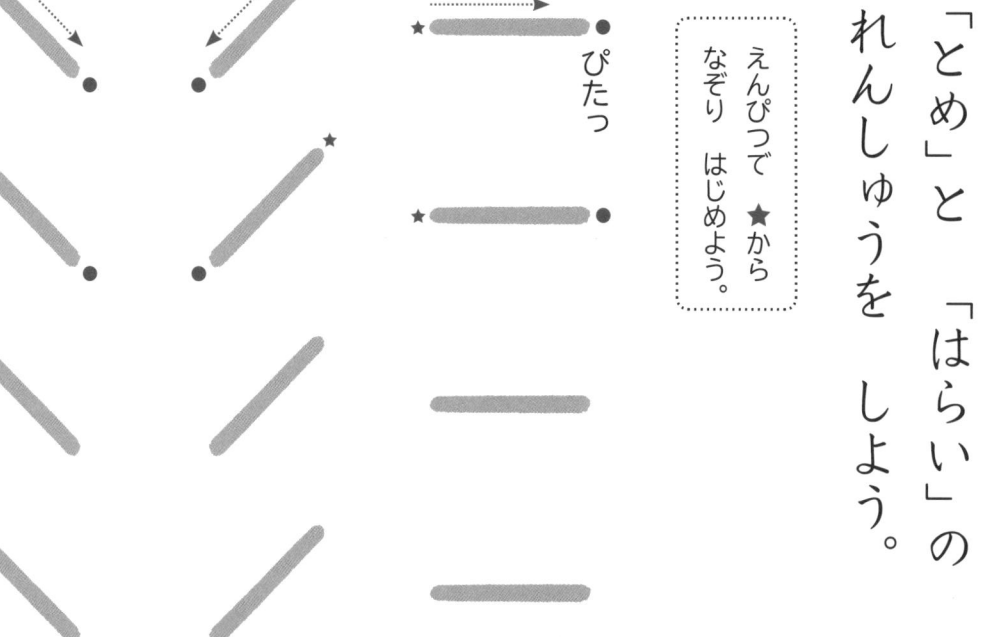

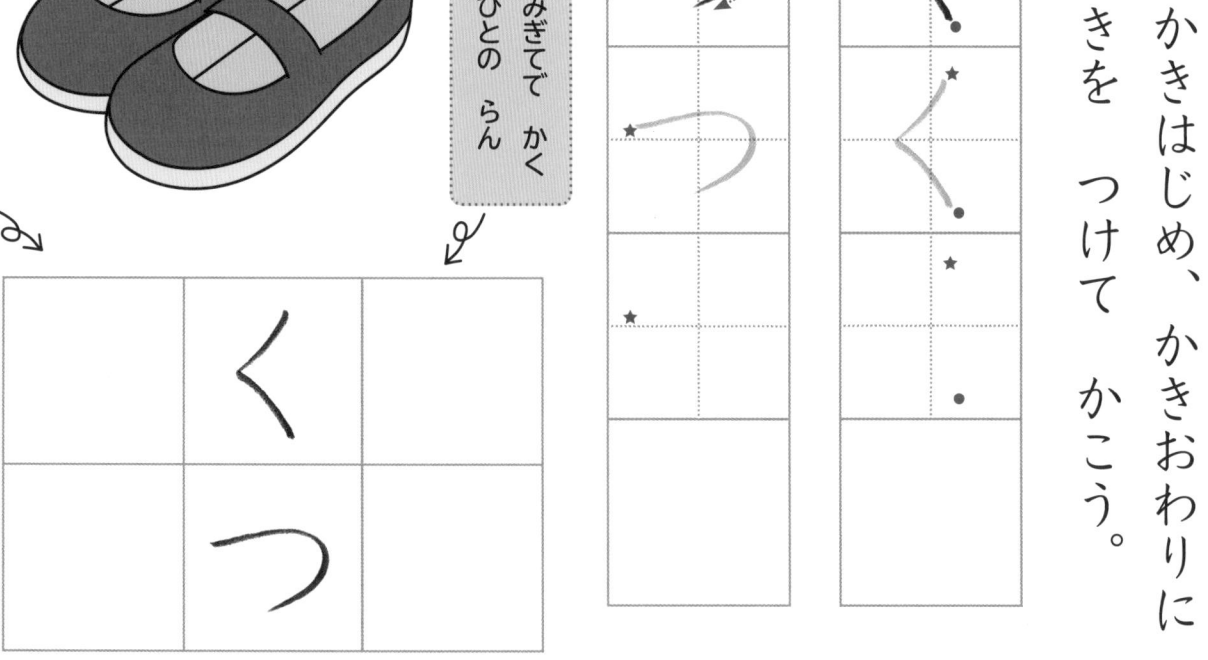

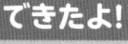

「はね」と　かく　じゅんじょ

①　かきおわりには、「はね」も　あるよ。もじには　かく　じゅんじょも　あるよ。ゆびで　なぞって　たしかめよう。

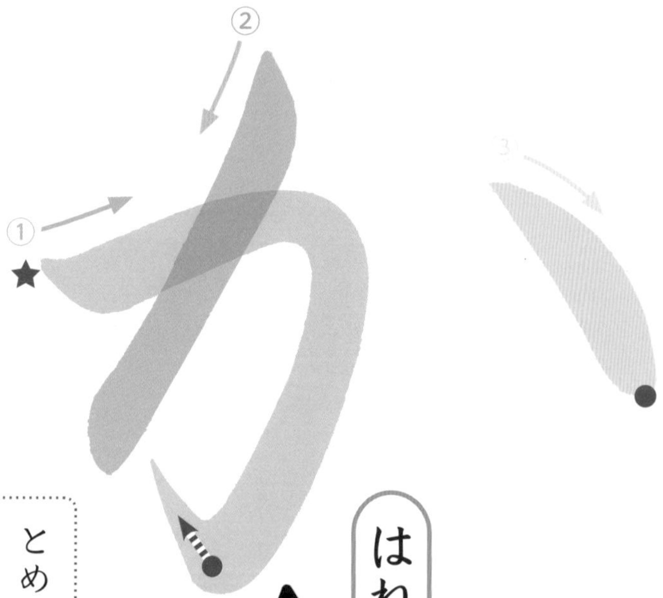

とめてから、ぴょんと　はねる。
コツ

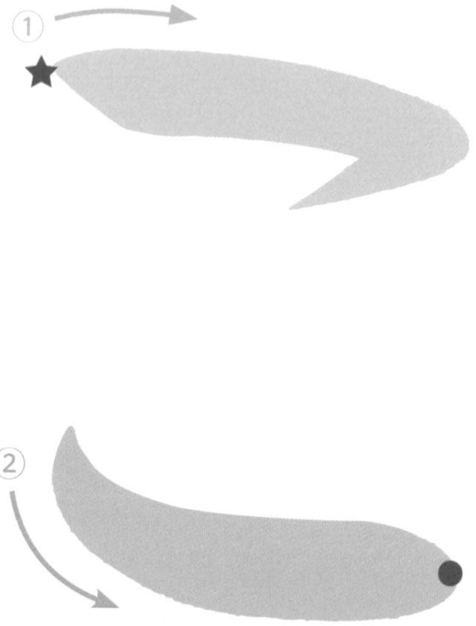

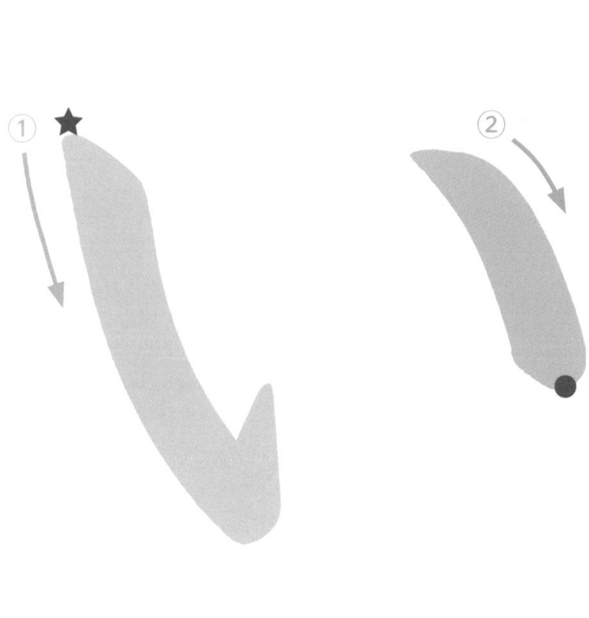

②

かきはじめと　かきおわり、かく　じゅんじょに
きを　つけて　かこう。

へ　へ

し　し

こ　こ

い　い

り　り

う　う

か　か

うし

ものしりこばなし

うしの　いぶくろは　4つも　ある。えさの　くさには　せんいが　おおく、しょうかするのが
たいへんだからだ。なお、しょくざいとしては　1ばんめから　じゅんに「みの」「はちのす」
「せんまい」「ぎあら」と　よばれ、いろいろな　りょうりに　つかわれる。

できたよ!

「まがり」

1 「まがり」は　どのように　かくのかな。
ゆびで　なぞって　たしかめよう。

とめないで、
ゆっくり
むきを　かえる。

コツ

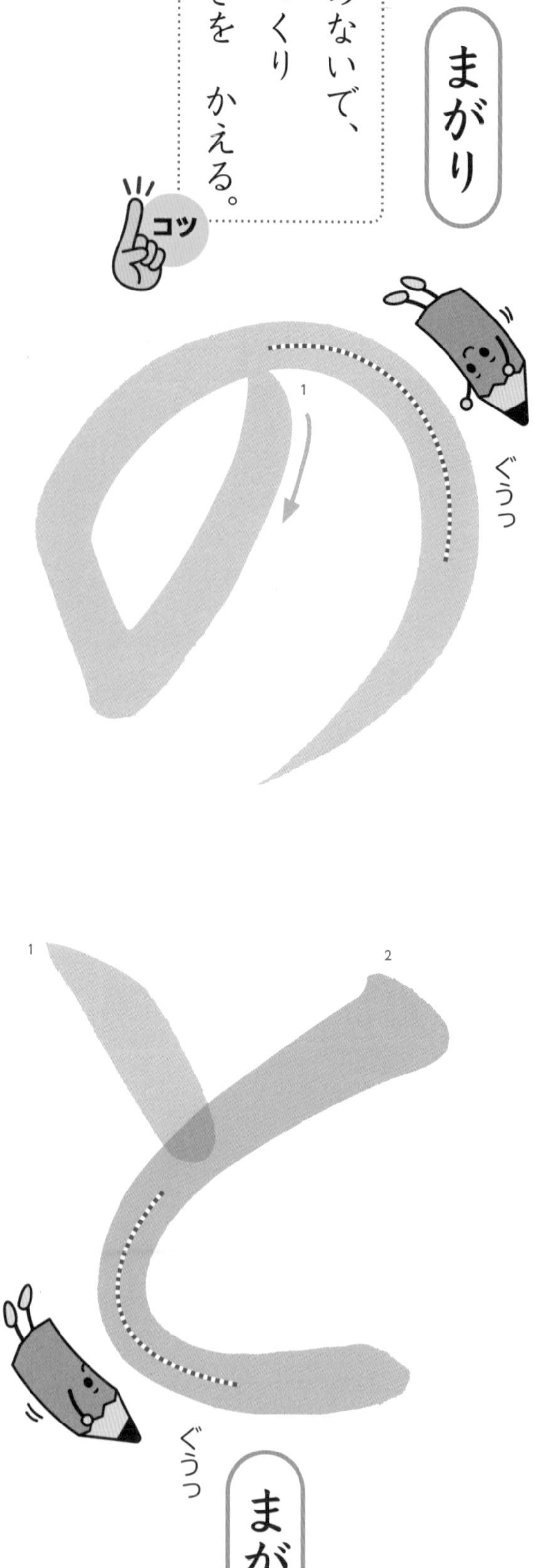

2 「まがり」の　れんしゅうを　しよう。★から　なぞるよ。

③ 「まがり」の ある もじを かこう。

の の

め め

あ あ

や や

ら ら

と と

も も

かもめ

ものしりこばなし

かもめと うみねこを みわけられるかな？ じつは かんたん。かもめは くちばしが ぜんぶ きいろだけど、うみねこは たいてい さきっぽに あかと くろの ぶちが ある。

※ここでいう、かもめは、カモメ科カモメ属カモメのこと。うみねこもカモメ科カモメ属に属する。

できたよ！

「おれ」

① 「おれ」は　どのように　かくのかな。ゆびで　なぞって　たしかめよう。

おれ
ぴたっと　とめて、むきを　かえる。
コツ
ぴたっ
1
かいて　きた　ところを、すこし　もどるように　すすむ。
コツ
1
ぴたっ
おれ
ぴたっ
おれ

② 「おれ」の　れんしゅうを　しよう。★から　なぞるよ。

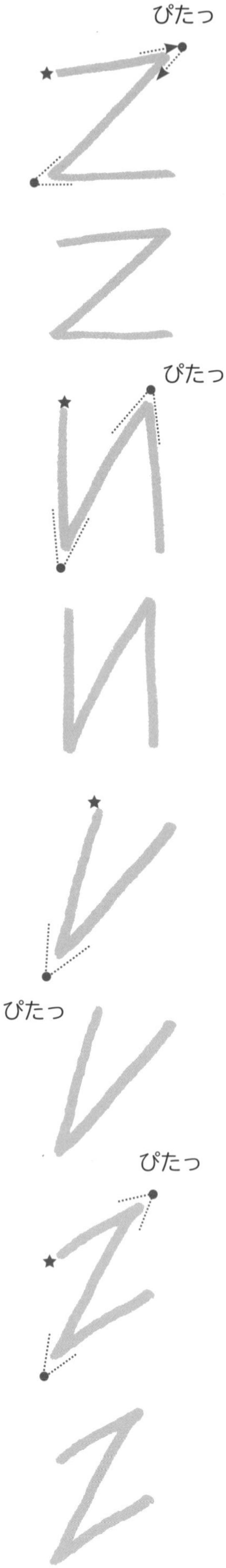
ぴたっ
ぴたっ
ぴたっ
ぴたっ

③ 「おれ」の　ある　もじを　かこう。

て　そ　ち　わ　ん

え　ゆ

とんち

できたよ!

ものしりこばなし

とんちで　ゆうめいな　いっきゅうさんは　いっきゅうそうじゅんと　いう　むろまちじだいの　おぼうさんが　モデル。この　おぼうさんは　１４８１ねんに　８７さいで　なくなった。しいんは　なんと　マラリアと　いう　かんせんびょうだった　ようだ。

「むすび」（よこなが）

① よこながの「むすび」は どのように かくのかな。
ゆびで なぞって たしかめよう。

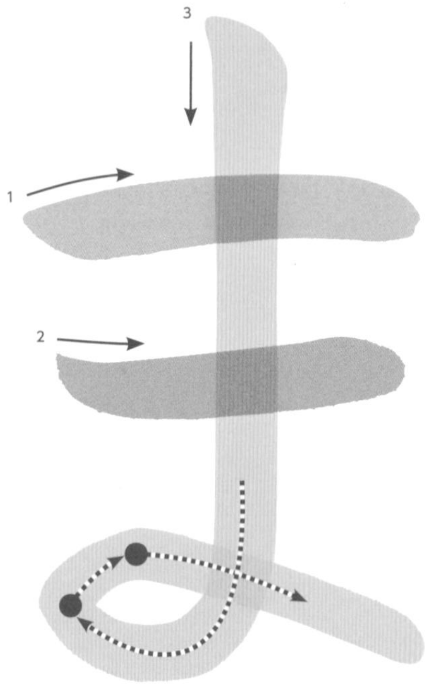

② よこながの「むすび」の れんしゅうを しよう。★から なぞるよ。

③ よこながの「むすび」の　ある　もじを　かこう。

ま　ま

は　は

ほ　ほ

よ　よ

な　な

ぬ　ぬ

ね　ね

はまち

できたよ!

ものしりこばなし

おすしやさんの　ねたの　「はまち」は、たいていは　ようしょくで　そだてた　ちゅうぐらいの　おおきさの　「ぶり」の　こと。ぶりは　しゅっせうおで、おおきく　なるに　つれて　「わかし」→「いなだ」→「わらさ」→「ぶり」（かんとうちほう）と　よびなが　かわる。

※地方によって呼称は変わる。関西地方では「つばす」→「はまち」→「めじろ」→「ぶり」など。

「むすび」（たてなが）

①
たてながの 「むすび」は どのように かくのかな。
ゆびで なぞって たしかめよう。

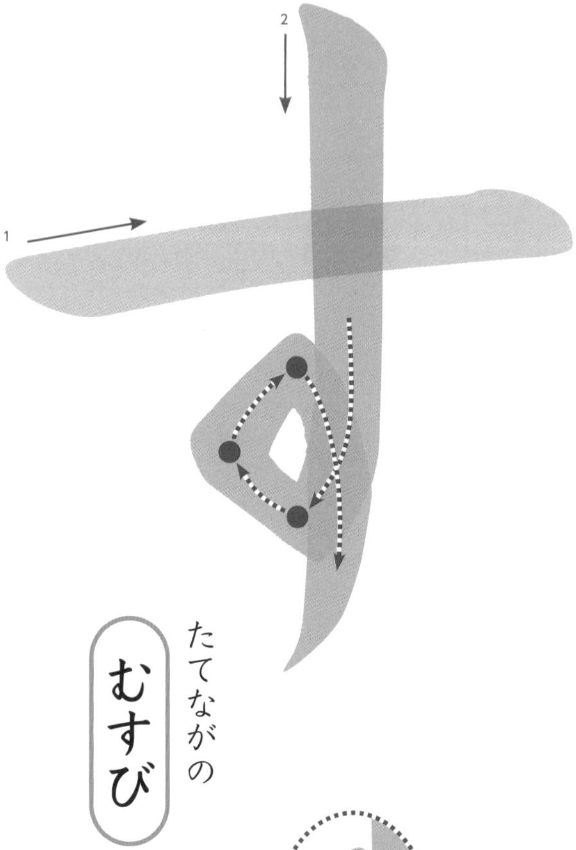

おむすびの
かたちに
くるり。

②
たてながの 「むすび」の れんしゅうを しよう。★から なぞるよ。

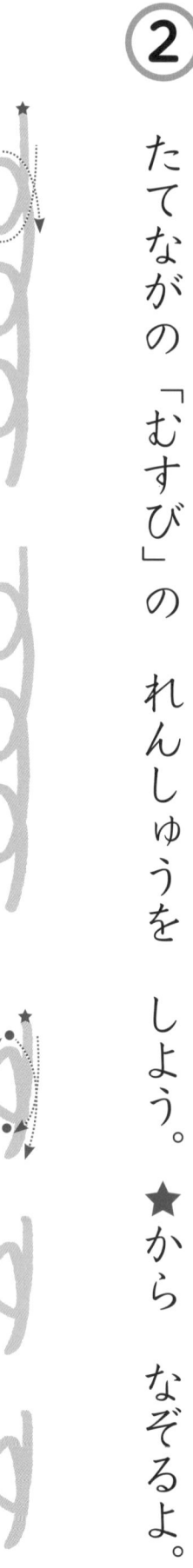

③ たてながの「むすび」の ある もじを かこう。

す す

お お

おなら

む む

み み

のみ

できたよ!

ものしりこばなし

にくや たまごなど いおうぶんが おおい ものを たべると おならは くさく なる。いもは しょくもつせんいが おおいため おならは でやすく なるが、じつは あまり くさくない。ちなみに、のみは たいちょうが すうミリメートルなのに、すうじっセンチメートルも とびはねる。

うまく　かく　コツの　かくにん

おぼえた　コツを　たしかめながら　かこう。

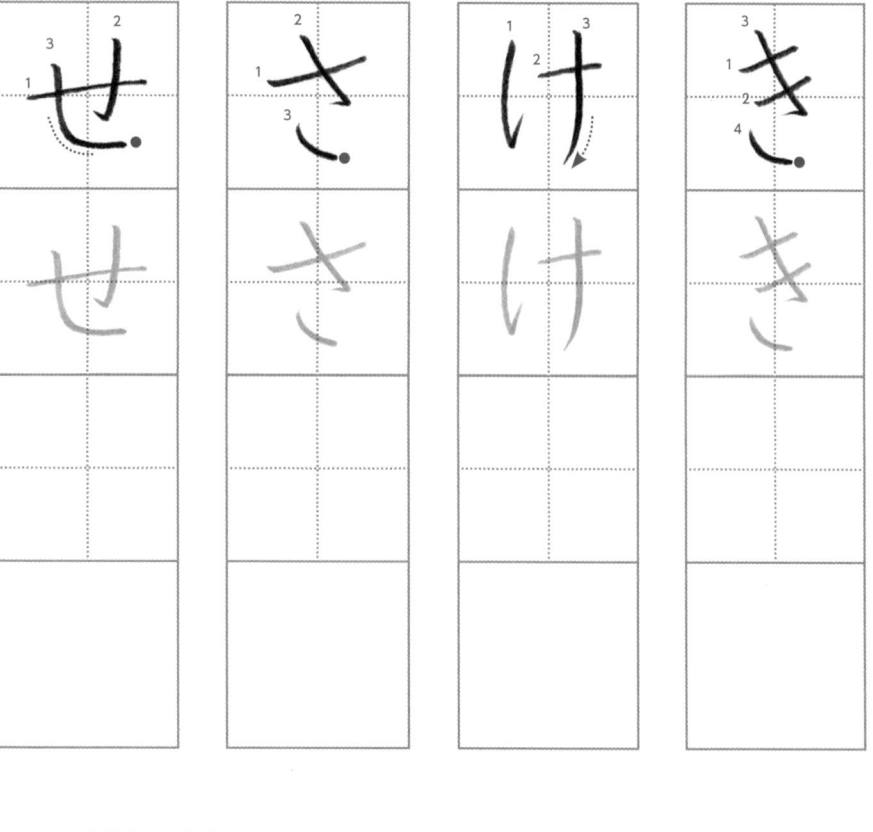

き　け　さ　せ

・とめ
はらい
はね
おれ
まがり
むすび

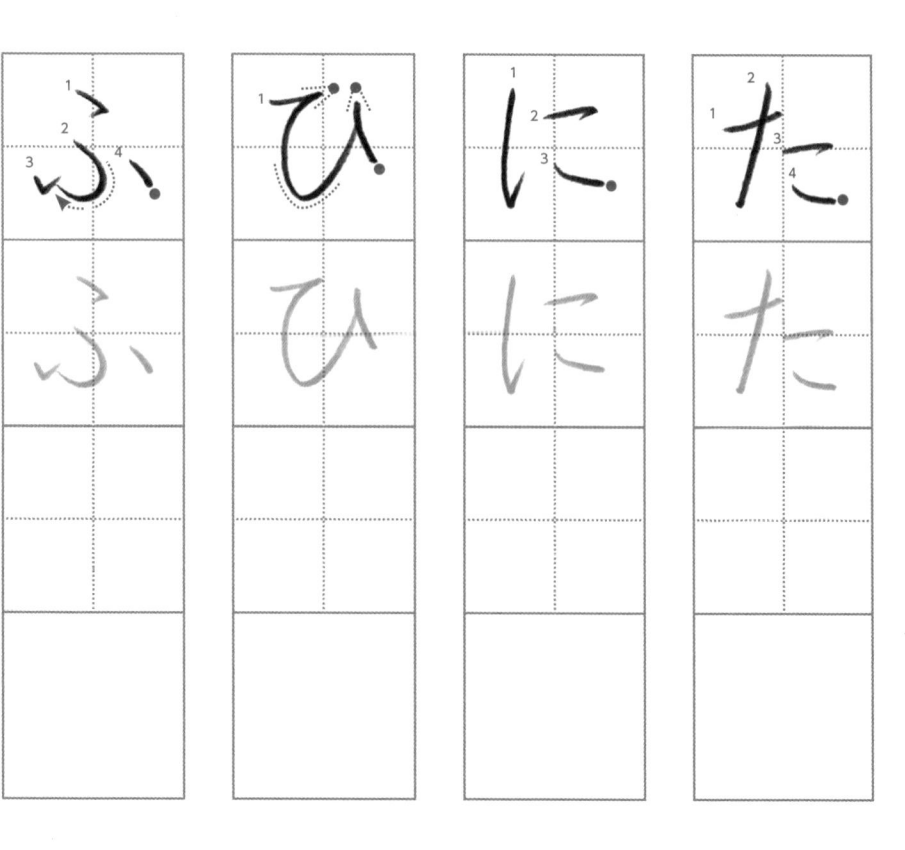

た　に　ひ　ふ

る る

れ れ

ろ ろ

を を

ふたをする

できたよ！

ものしりこばなし

ならじだい、「お」と 「を」は きちんと つかいわけられ、はつおんも 「お」「うぉ」のように ちがって いた。それが だんだん くべつしないように なり、はつおんも おなじに なり、いまでは 「を」は きまった いちでしか つかわなく なった。

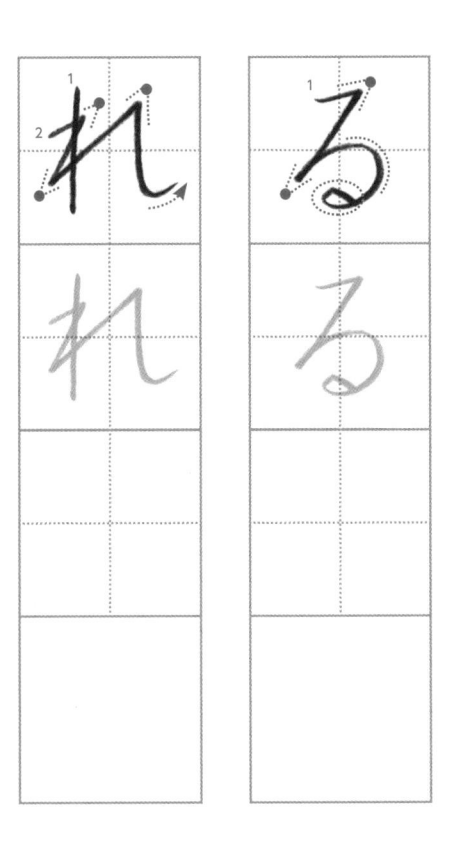

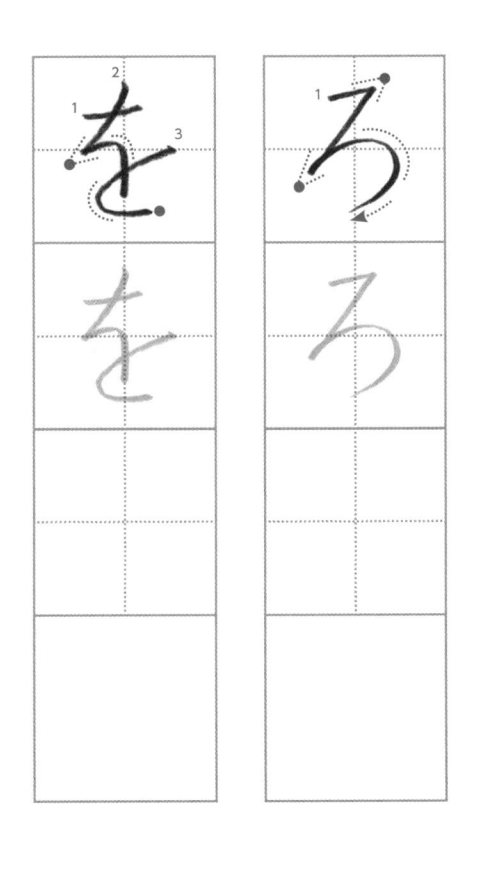

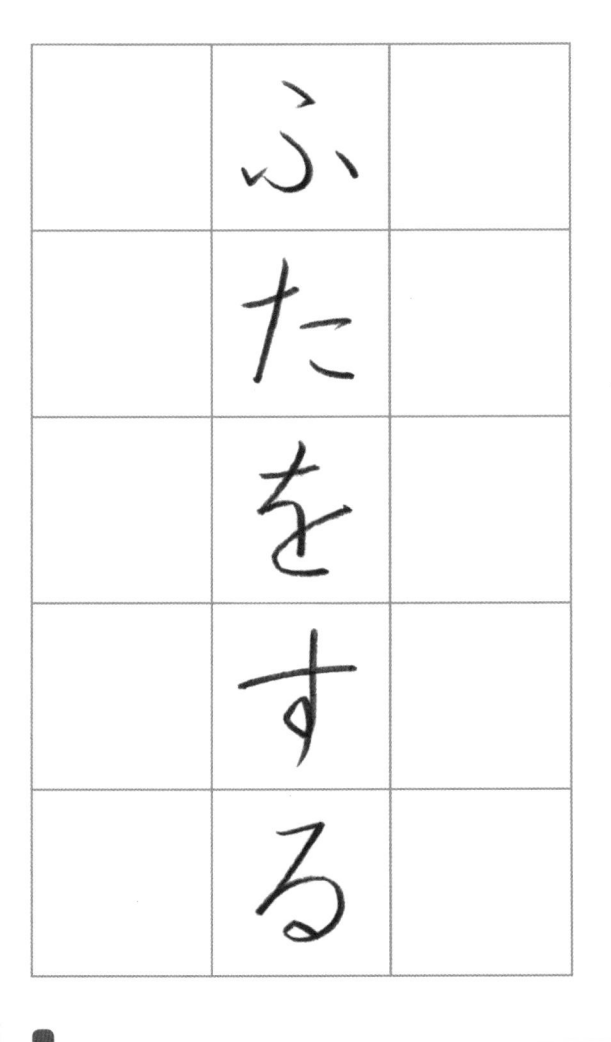

てん、まる、かぎ、ちいさく かく もじ

① だくてん、はんだくてんが つく もじを かこう。

てんてん（だくてん）や まる（はんだくてん）は、さいごに かくよ。

び び

ぴ ぴ

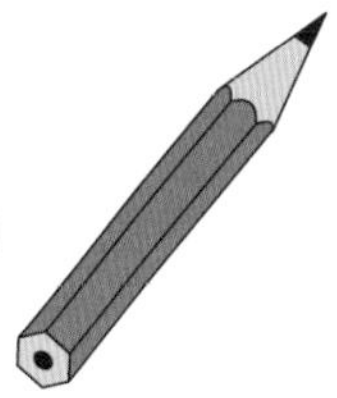
えんぴつ

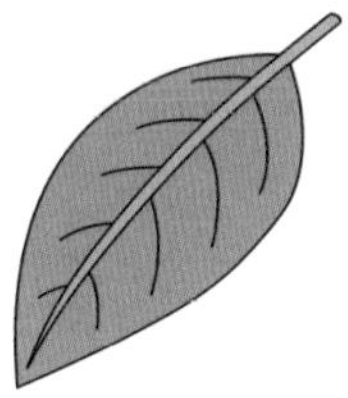
はっぱ

② ちいさく かく もじを かこう。

ち ゃ

は っ

ち ゅ

ち ょ

おもちゃ

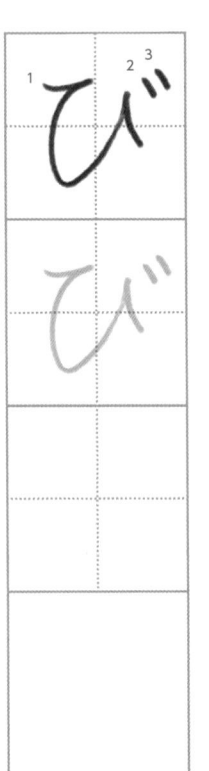

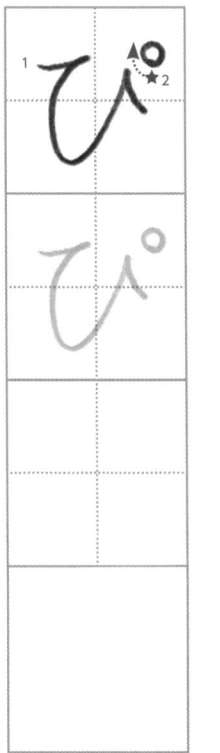

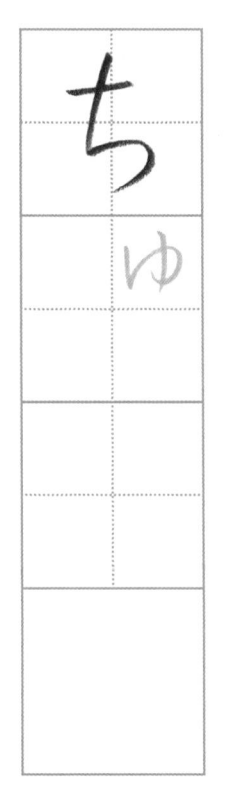

③ てん（とうてん）、まる（くてん）、かぎ（かっこ）を　かこう。

「しっぽだよ」。

できたよ！

ものしりこばなし

しっぽは　なんのために　あるか。さかなは　すすむため、くもざるは　きに　つかまるため、りすや　ねこは　バランスを　とるためなど、りゆうは　どうぶつに　よって　いろいろ　あるようだ。なお、なぜ　ひとの　しっぽが　なくなったかは、いまだ　よく　わかって　いないらしい。

ひらがなの　ひょう

① よく　みて、　ていねいに　かこう。

あいうえお
かきくけこ
さしすせそ
たちつてと
なにぬねの

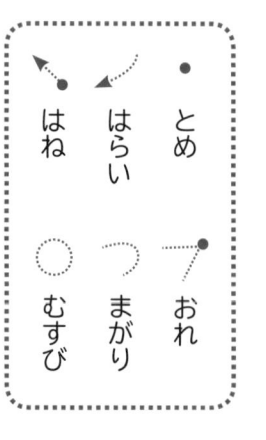

・とめ
はらい
はね
おれ
まがり
むすび

ん	わ	ら	や	ま	は
	(い)	り	(い)	み	ひ
	(う)	る	ゆ	む	ふ
	(え)	れ	(え)	め	へ
	を	ろ	よ	も	ほ

できたよ!

② てんや　まるの　つく　もじを　かこう。

がぎぐげご

ざじずぜぞ

だぢづでど

ばびぶべぼ

ぱぴぷぺぽ

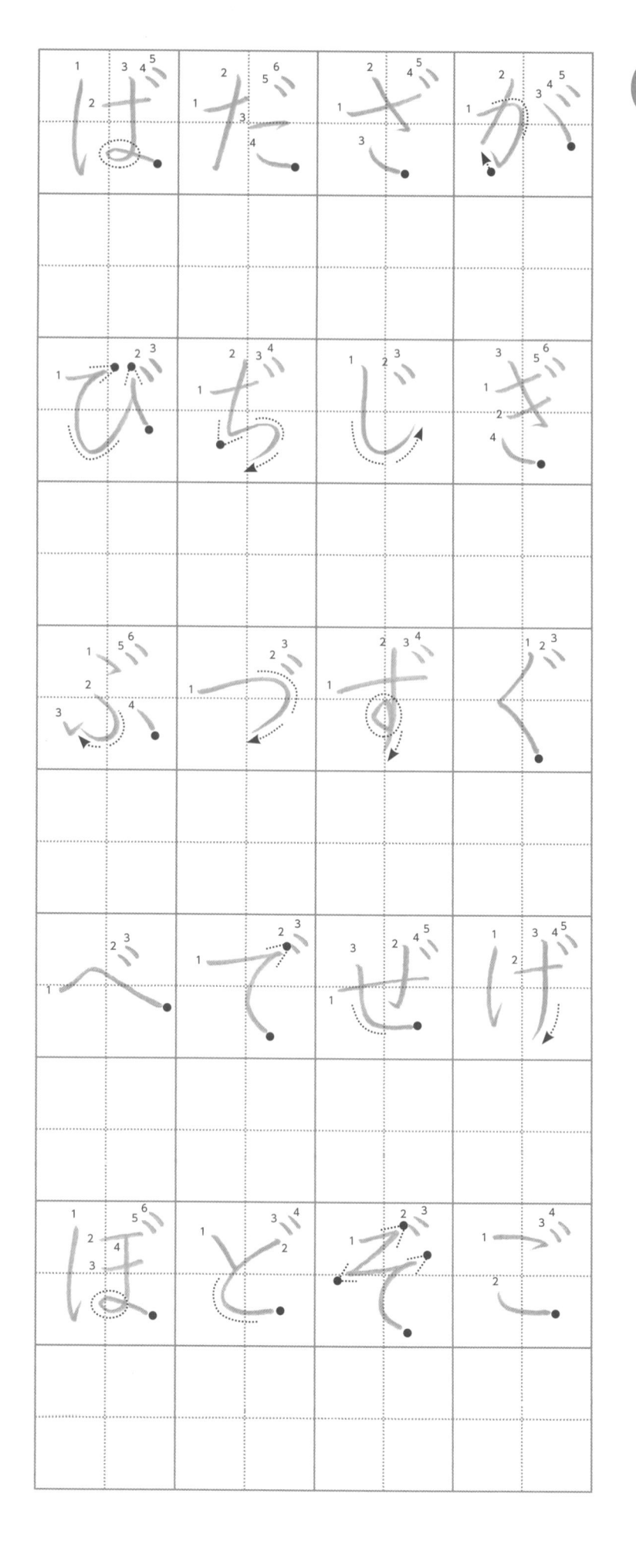

③ ちいさく かく もじに きを つけて かこう。

ひょっとこ

よこがきの ときは、この いち。

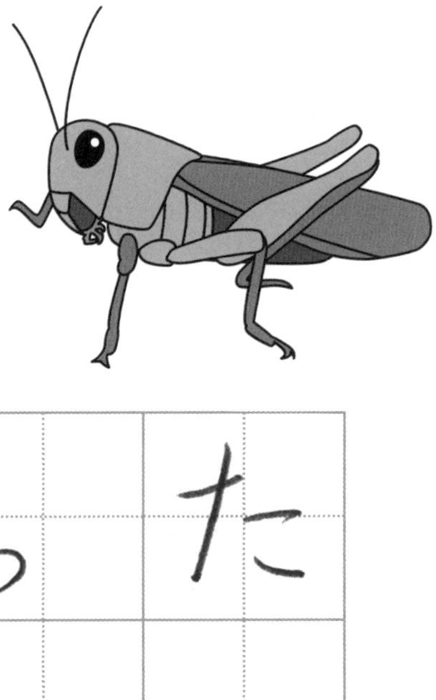

ばった

おちゃ

できたよ!

ものしりこばなし

くちを とがらせ、おもしろい かおの ひょっとこ。この なまえの ゆらいには いろいろな せつが あるが、かまどの ひを たけで ふく「ひおとこ」が てんじて「ひょっとこ」に なったと いう せつが ゆうりょくだ。

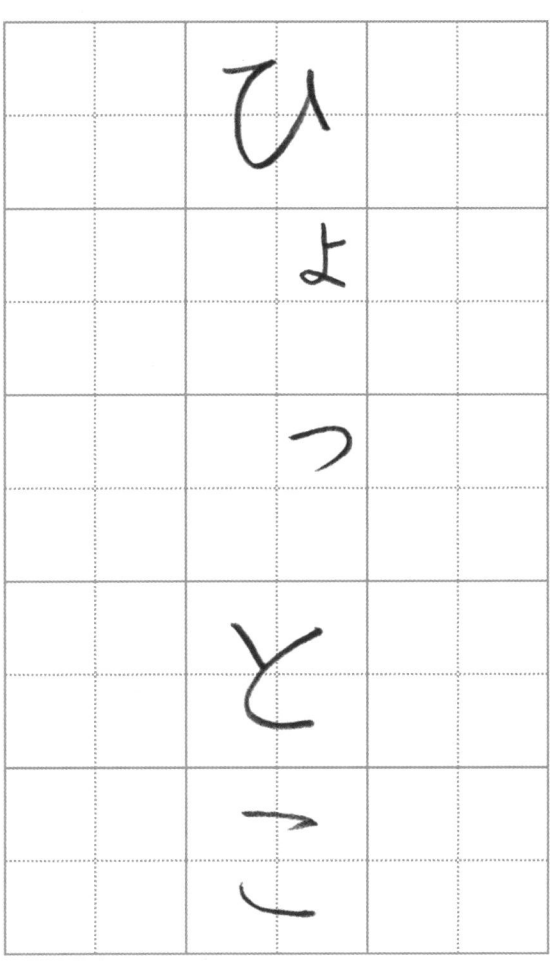

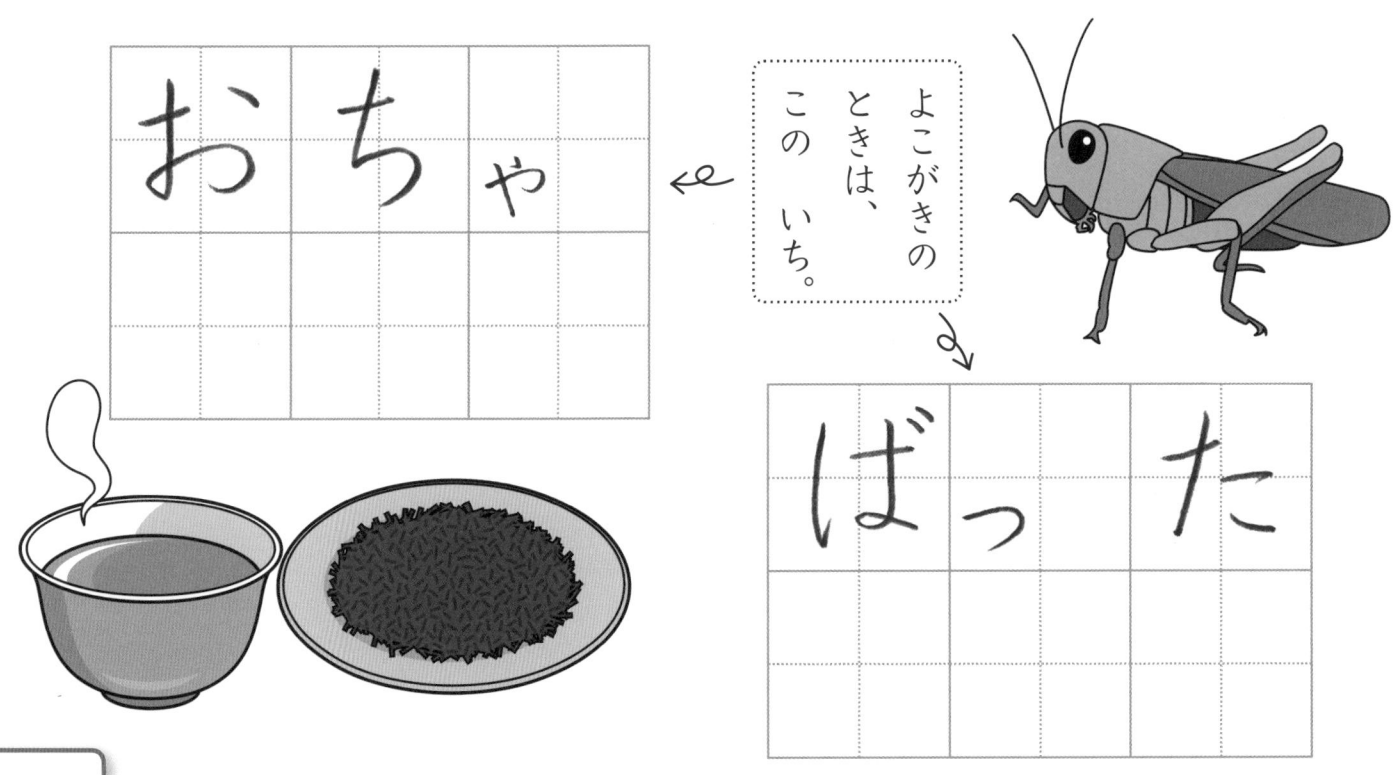

ひらがな　ぱずる

あいて　いる　□に、　もじを　いれよう。
□いがいの　もじも　なぞって　かこう。

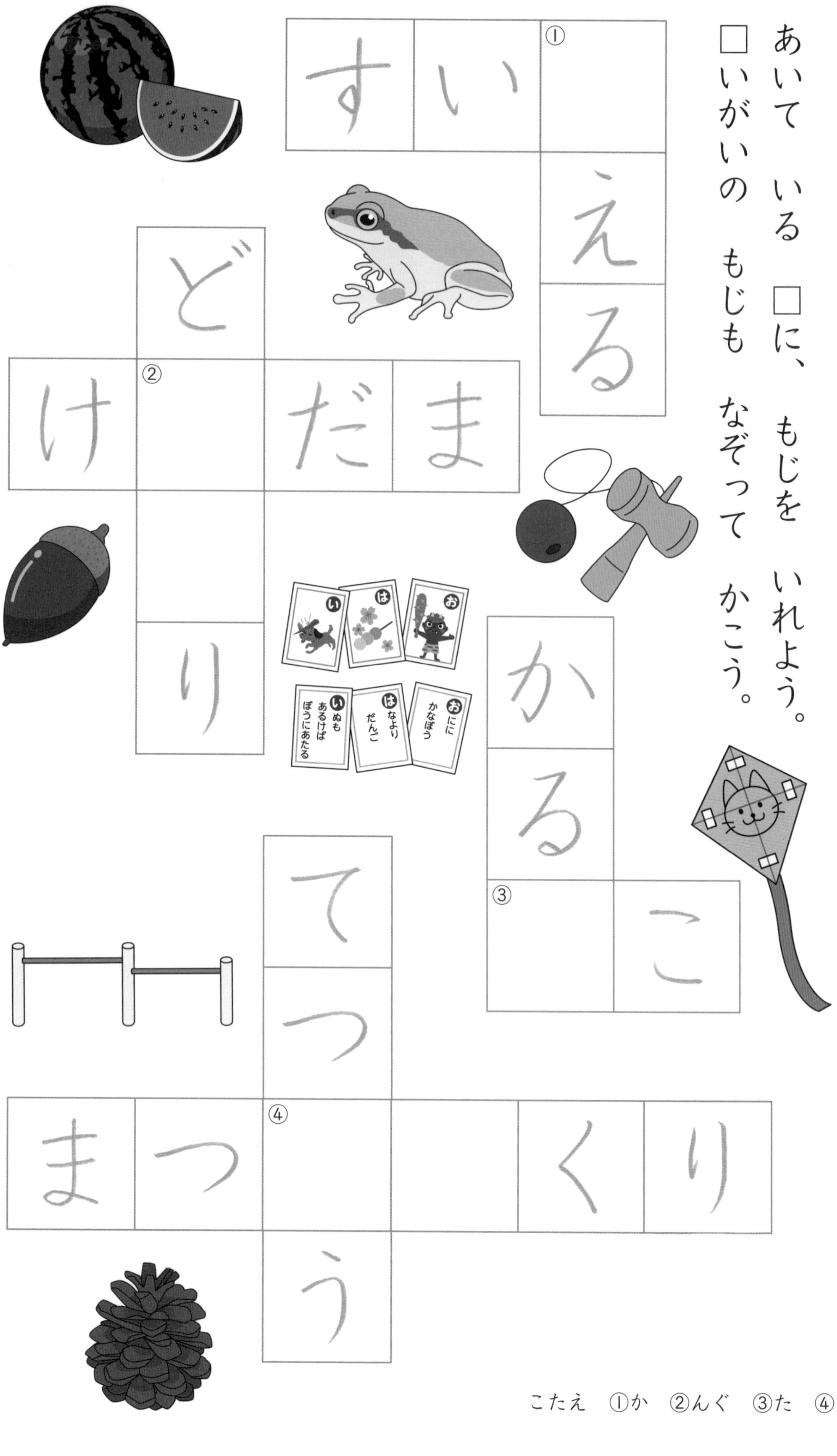

こたえ　①か　②んぐ　③た　④ぼっ

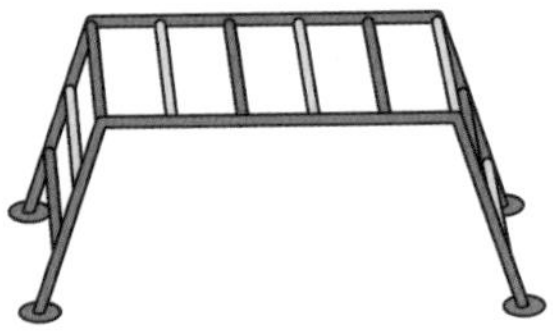

		じ		ん	し	ゃ
		う		て	い	
	か	ぶ		む	し	
	ひ	こ		き		
か	た	つ		り		
	か	み		ば	い	
		い		し	し	
	か	み		り		
	れ	い		う	こ	

こたえ　てんとうむしのなぞ

できたよ!

ものしりこばなし

てんとうむしは　とぶのが　じょうずでは　ない。だから、たいてい　えだなどの　さきの　いちばん　たかい　ところまで　のぼって、そこから　とびたつ。なお、めだつのに　とりなどに　あまり　ねらわれないのは、からだから　くさくて　まずい　えきを　だすから。

ぶんしょうを　かいて　みよう

① なぞって　ぶんしょうを　かいて　みよう。

さいしょの
ひとますは
あけよう。

　ゆうえんちにい
きました。いろい
ろなのりものにの
りました。またい
きたいです。

② たのしかった　ことなどを　かいて　みよう。なまえも　かこう。

なまえ

できたよ!

すうじを　かこう

すうじを　かく　れんしゅうを　して、
せいねんがっぴを　かいて　みよう。

0	1	2	3	4
0	1	2	3	4

5	6	7	8	9
5	6	7	8	9

＿＿＿＿＿＿ねん

＿＿＿＿がつ＿＿＿＿にち

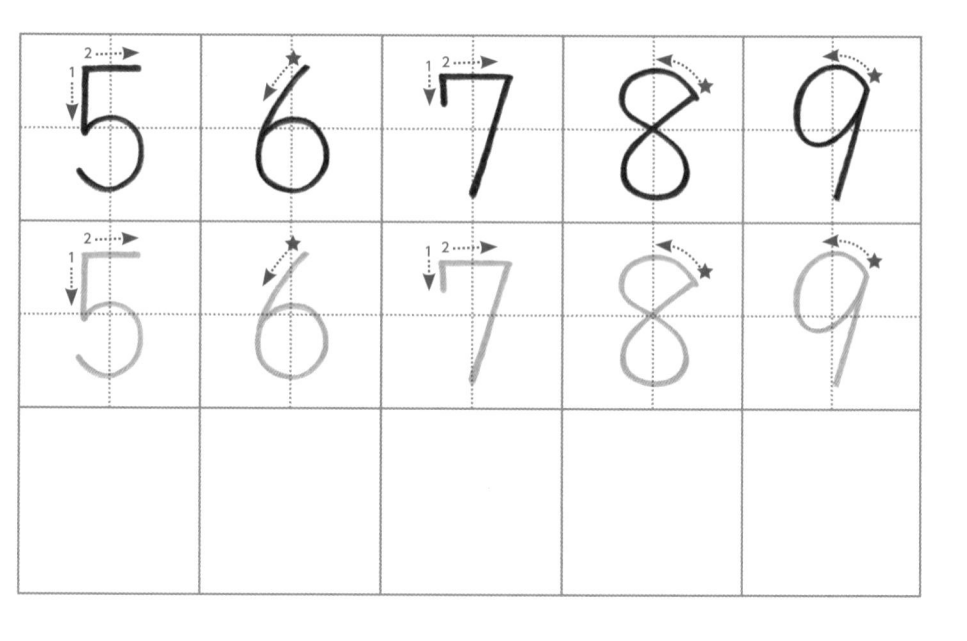

3

カタカナ

「とめ」「はね」「はらい」

①カタカナの　「とめ」「はね」「はらい」は　どのように　かくのかな。
ゆびで　なぞって　たしかめよう。

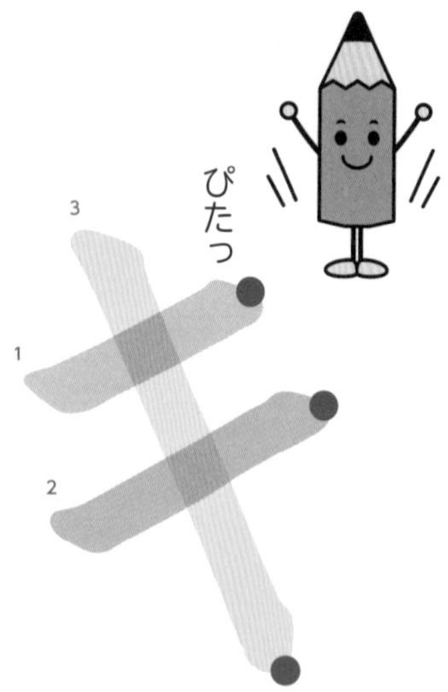

とめ

コツ　ぴたっと　とめる。

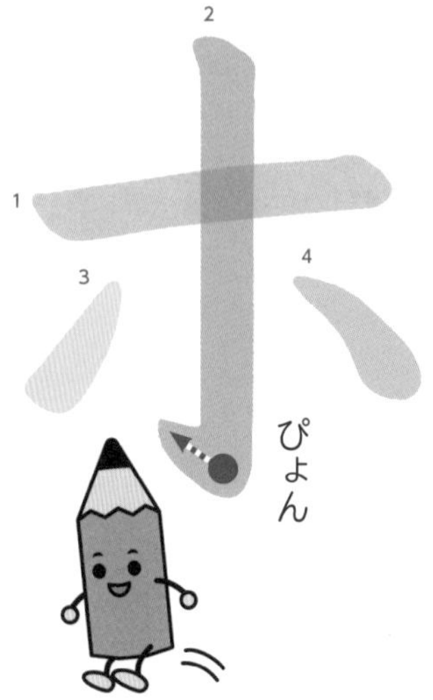

はね

コツ　とめてから、ぴょんと　はねる。

はらい

コツ　すうっと　はらう。

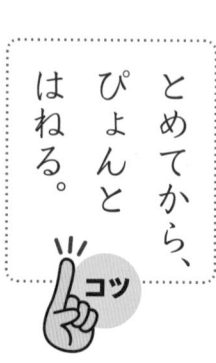

2 「とめ」「はね」「はらい」に きを つけて かこう。

キ キ

ニ ニ

ホ ホ

オ オ

ク ク

のばす しるし（おんびき）は このように かくよ。

☆たてがきの とき

｜

☆よこがきの とき

ー

ケ ケ

ケ
ー
キ

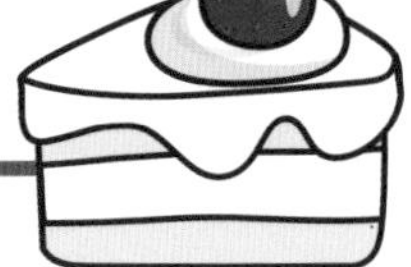

ものしりこばなし

ショートケーキの 「ショート」の ゆらいには いろいろな せつが あるが、おかしを つくる ときに つかわれる しょくようゆしの 「ショートニング」からと いうのが ゆうりょくな せつの ひとつ。えいごの 「ショート」には、「サクサクする」という いみも ある。

できたよ!

「おれ」「まがり」

① カタカナの「おれ」「まがり」は　どのように　かくのかな。ゆびで　なぞって　たしかめよう。

おれ

コツ　ぴたっと　とめて、むきを　かえる。

まがり

コツ　とめないで、ゆっくり　むきを　かえる。

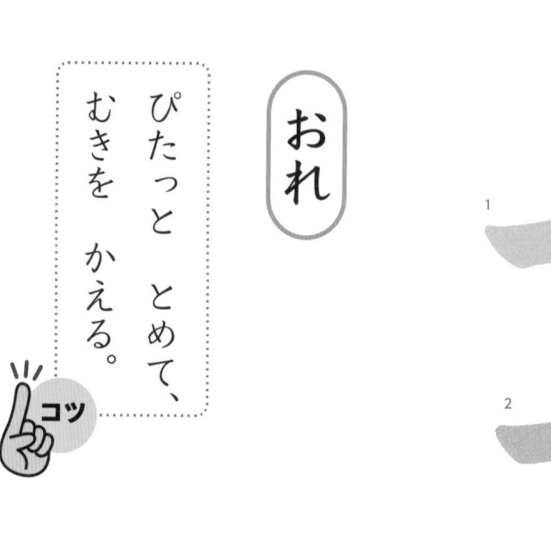

② 「おれ」「まがり」に　きを　つけて　かこう。

コ　コ

ロ　ロ

レ　レ

ム　ム

マ　マ

セ　セ

ヒ　ヒ

コーヒー

できたよ!

ものしりこばなし

コーヒーまめは　コーヒーのきと　いう　きの　かじつの　なかの　たねで　ある。いんげんまめや　だいずのように　さやには　はいって　いない。この　たねを　ばいせん（ねっして　こがすこと）した　ものが、いわゆる　コーヒーまめだ。

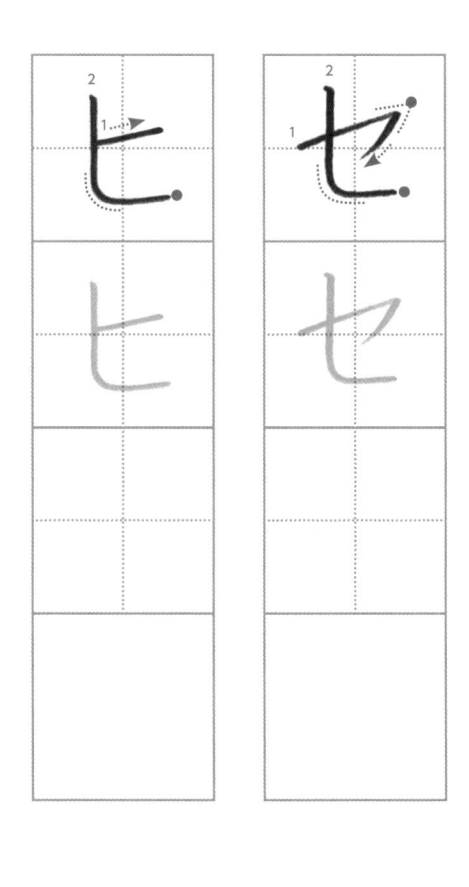

うまく かく コツの かくにん ①

おぼえた コツを たしかめながら かこう。

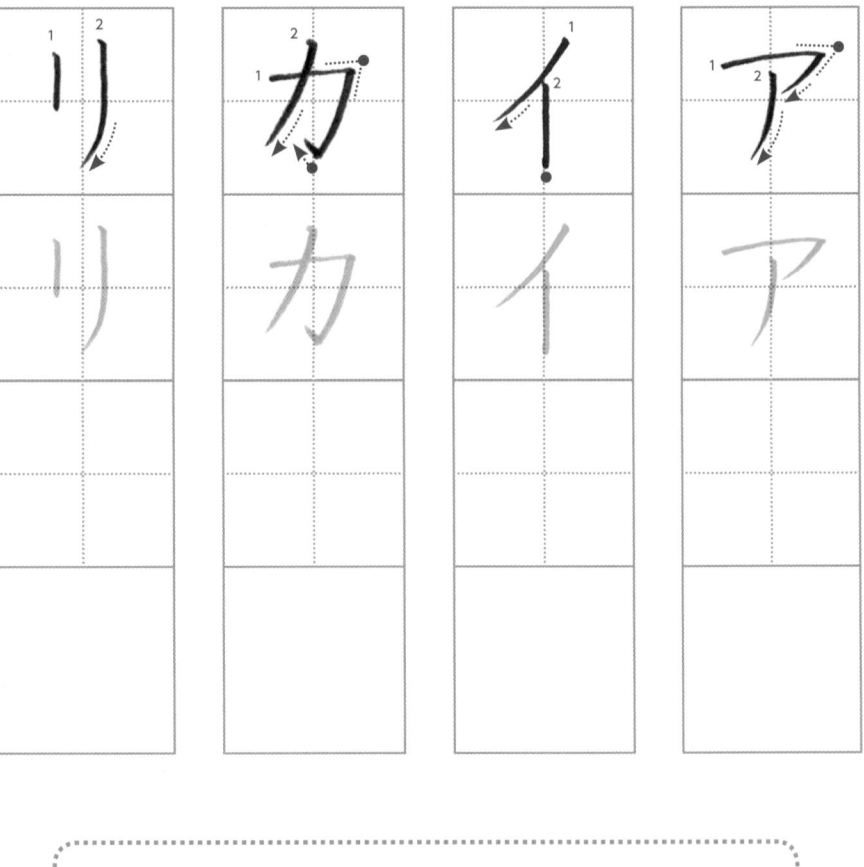

ア イ カ リ

とめ はね はらい おれ まがり

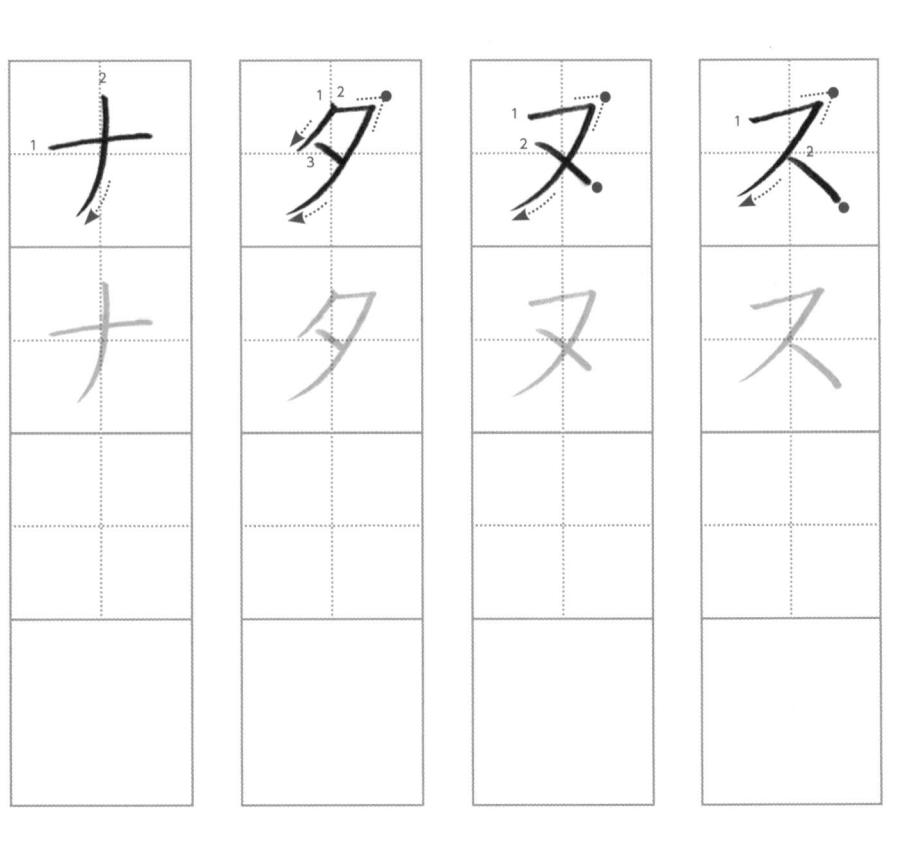

ス ヌ タ ナ

ノ

ヘ

モ

アイスクリーム

できたよ!

ものしりこばなし

にほんでは、にゅうこけいぶん（ぎゅうにゅうの　すいぶんいがいの　せいぶん）を　１５パーセントいじょう（おもさで）　ふくんだ　しょうひんだけを　「アイスクリーム」と　よべる。それより　すくない　ものは、じゅんに　「アイスミルク」「ラクトアイス」「ひょうか」と　よぶ。

うまく　かく　コツの　かくにん　②

おぼえた　コツを　たしかめながら　かこう。

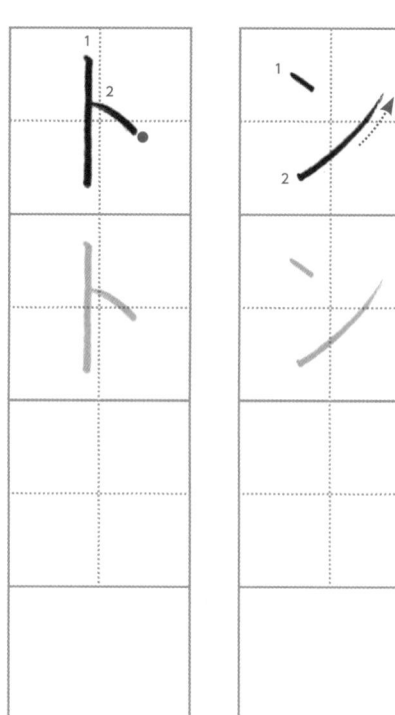

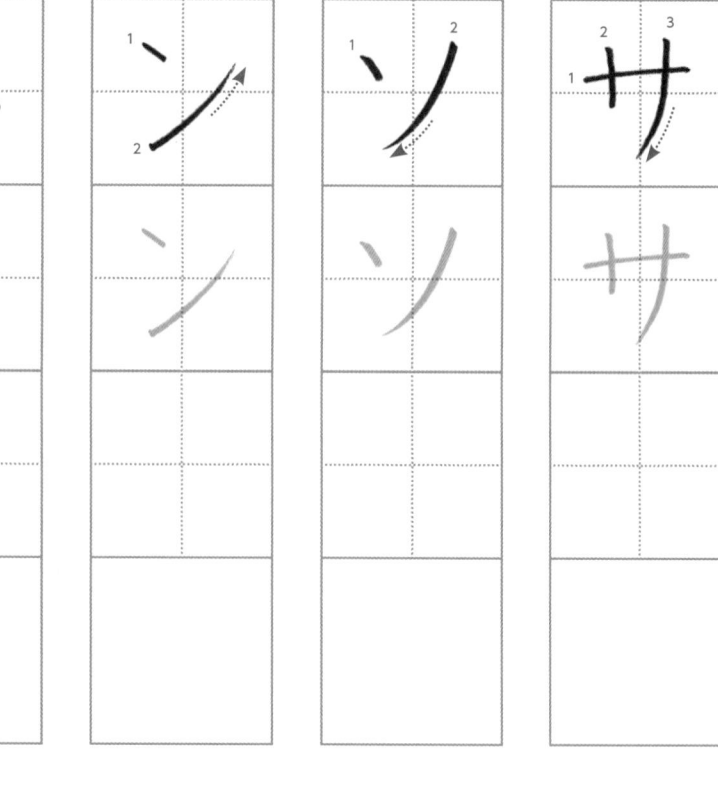

サ　ツ　ン　ト

とめ　はね　はらい　おれ　まがり

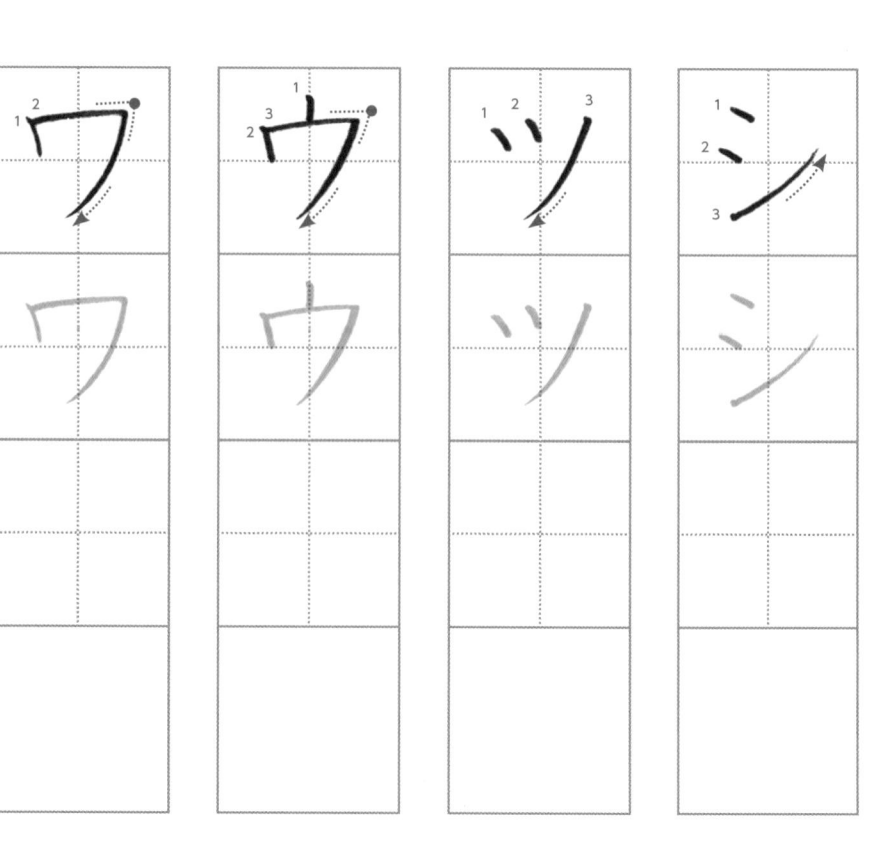

シ　ツ　ウ　ワ

チ

テ

フ

「ファール」「ウェディング」「ウォーター」など、えいごの　はつおんに　ちかづけるために、「ア」「イ」「エ」「オ」は　ちいさく　かく　ときが　あるよ。

サンドウィッチ

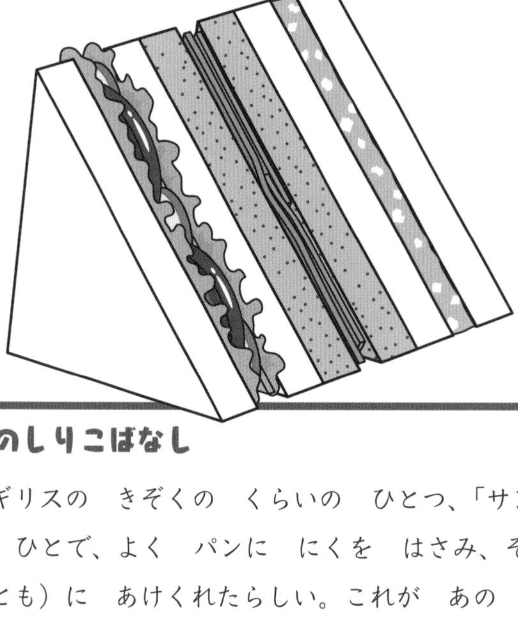

できたよ!

ものしりこばなし

イギリスの　きぞくの　くらいの　ひとつ、「サンドウィッチはくしゃく」の　4だいめは　いそがしい　ひとで、よく　パンに　にくを　はさみ、それを　かたてで　たべながら　しごと（カードゲームとも）に　あけくれたらしい。これが　あの　「サンドウィッチ」の　なの　ゆらいと　いわれる。

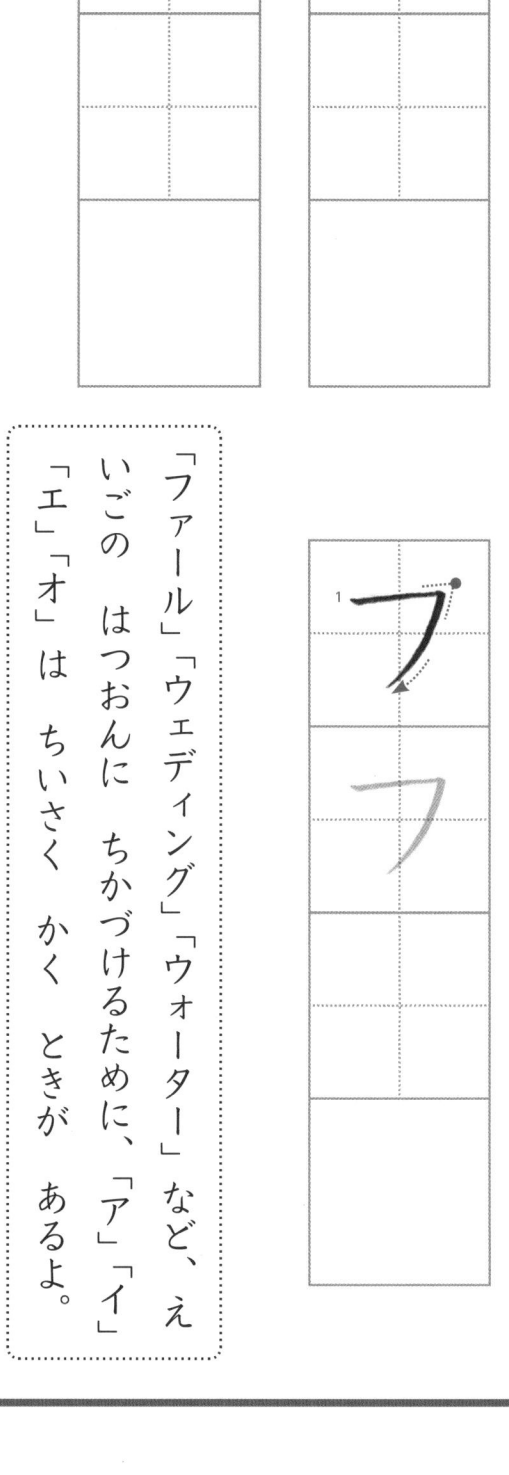

うまく かく コツの かくにん ③

おぼえた コツを たしかめながら かこう。

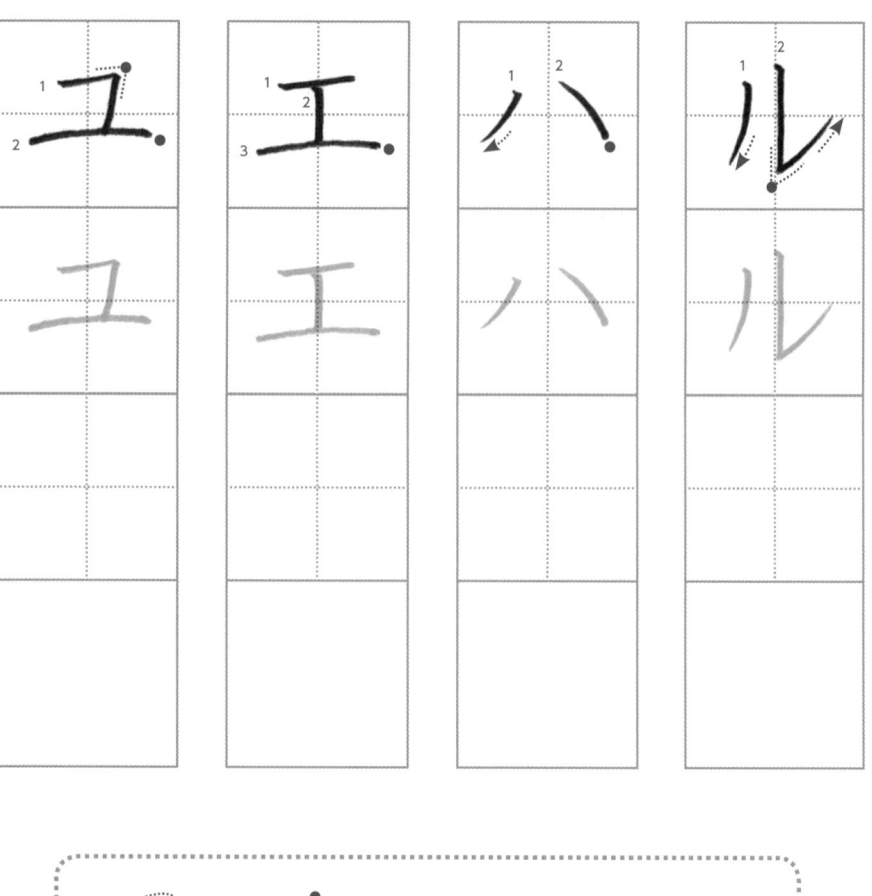

ル ハ エ ユ

とめ　はね　はらい　おれ　まがり

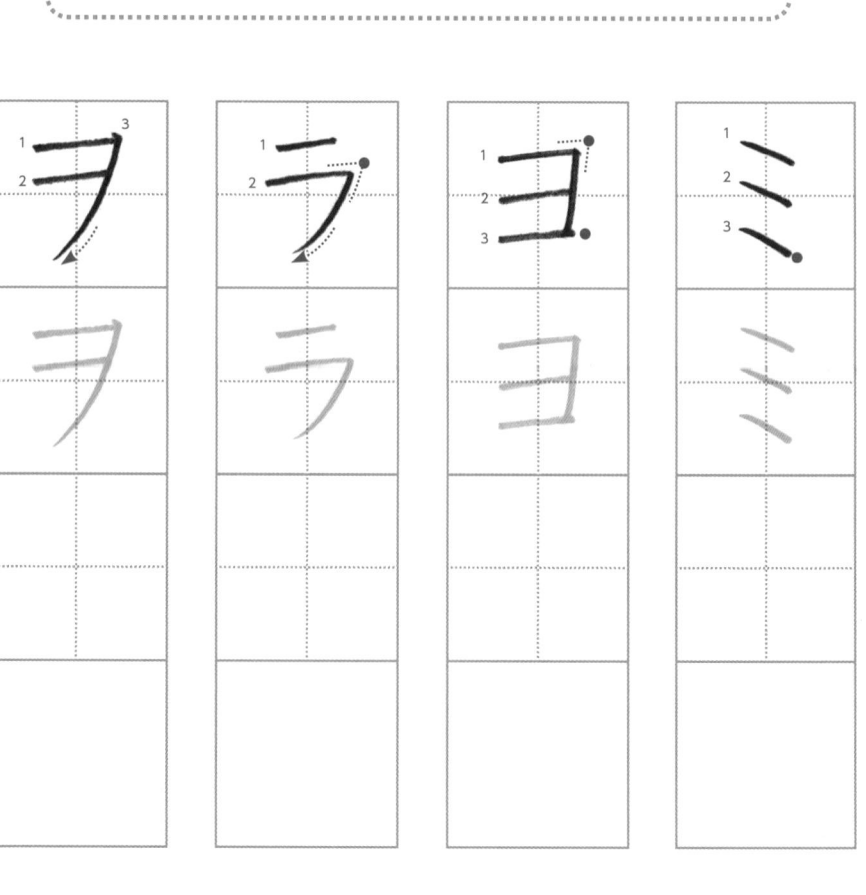

ミ ヨ ラ ヲ

メ

ヤ

ネ

フルーツパフェ

できたよ!

ものしりこばなし

「パフェ」は　えいごでも　おなじように　「パーフェイ」と　いうが、もともとは　フランスごの「パルフェ」が　ごげんと　される。「パルフェ」は　「かんぜんな」と　いう　いみで、えいごでいえば　「パーフェクト」だ。つまり、“かんぜんな　デザート”なので　ある。

カタカナの ひょう

① よく みて、ていねいに かこう。

アイウエオ
カキクケコ
サシスセソ
タチツテト
ナニヌネノ

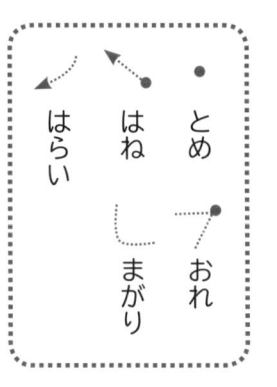

とめ　はね　はらい　おれ　まがり

ハ	マ	ヤ	ラ	ワ	ン
ヒ	ミ	（イ）	リ	（イ）	
フ	ム	ユ	ル	（ウ）	
ヘ	メ	（エ）	レ	（エ）	
ホ	モ	ヨ	ロ	ヲ	

できたよ!

② てんや まるの つく もじを かこう。

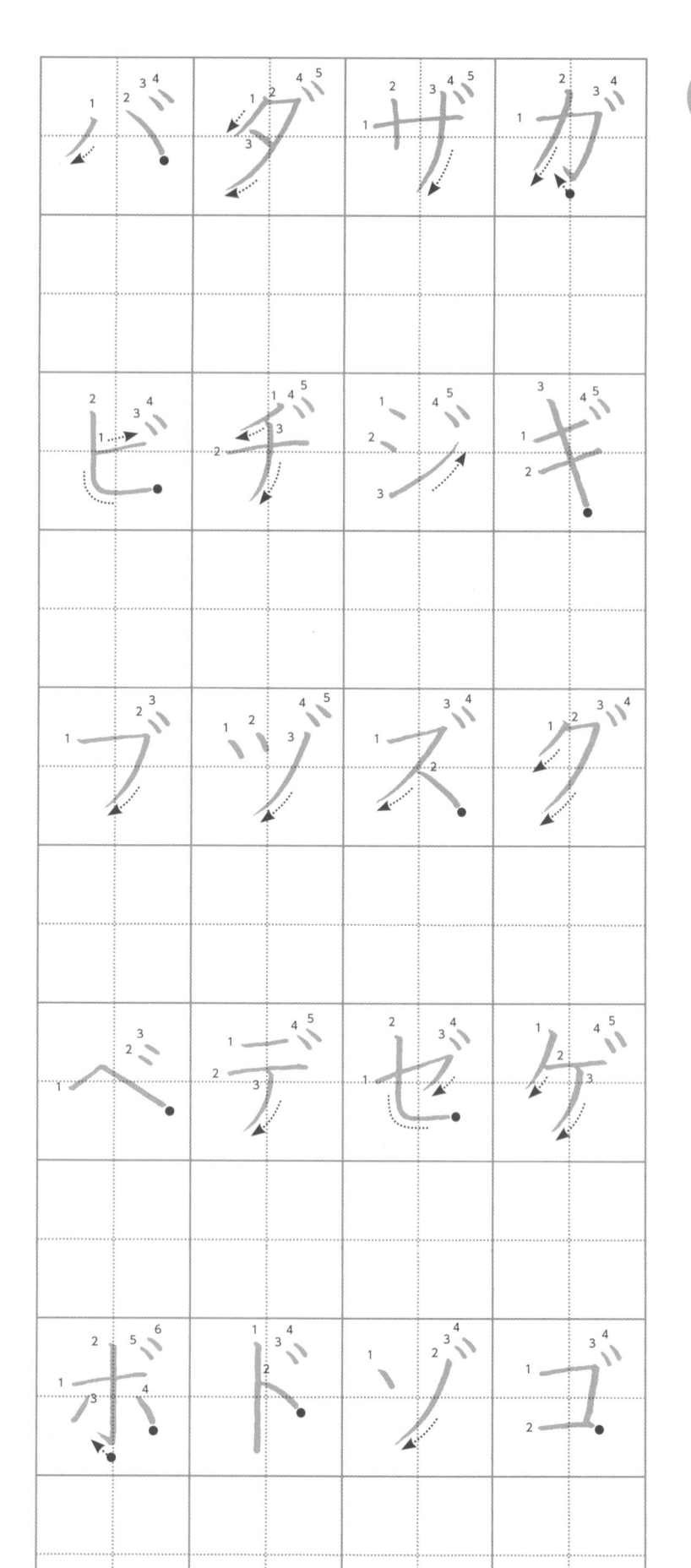

ガ ギ グ ゲ ゴ

ザ ジ ズ ゼ ゾ

ダ ヂ ヅ デ ド

バ ビ ブ ベ ボ

パ ピ プ ペ ポ

3 ちいさく かく もじや、のばす しるしに きを つけて かこう。

ちゅうごくなどを のぞけば、がいこくの ちめいは ふつう カタカナで かく。

トラック

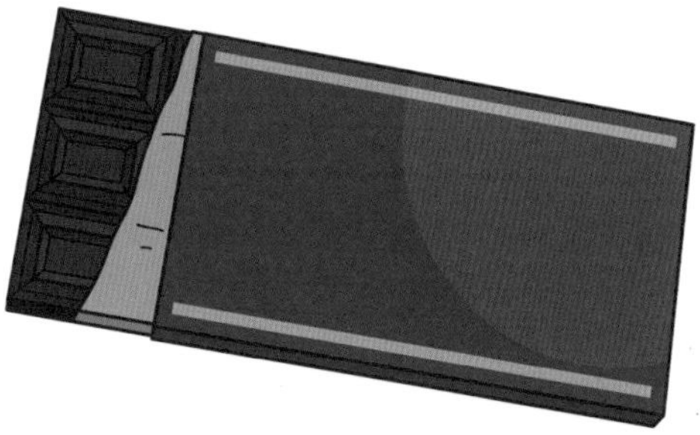

チョコレート

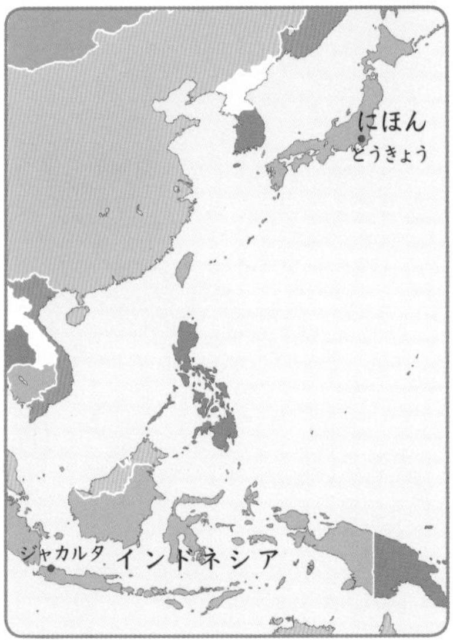

ジャカルタ

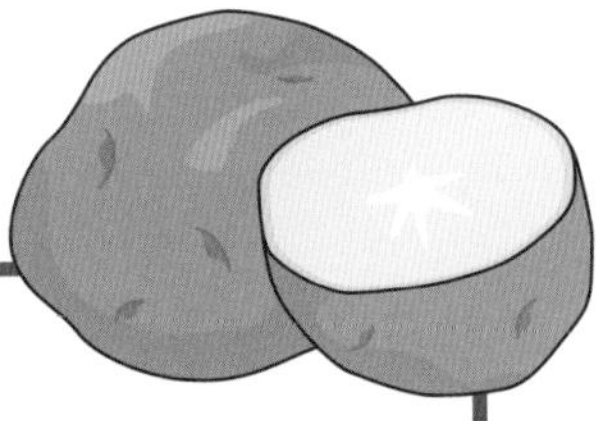

ものしりこばなし

インドネシアの しゅとの ジャカルタは、ふるくは ジャガタラと よばれて いた。そこから つたわったと いう いみで よばれて いた「ジャガタライモ」が、てんじて「ジャガイモ」に なったと いわれる。もともとの げんさんは みなみアメリカの アンデスちほう。

できたよ!

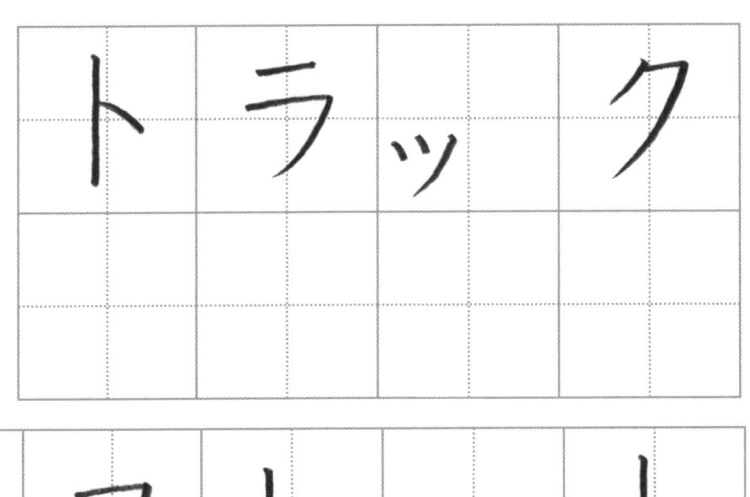

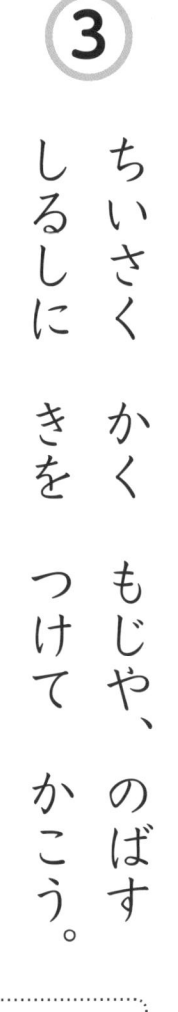

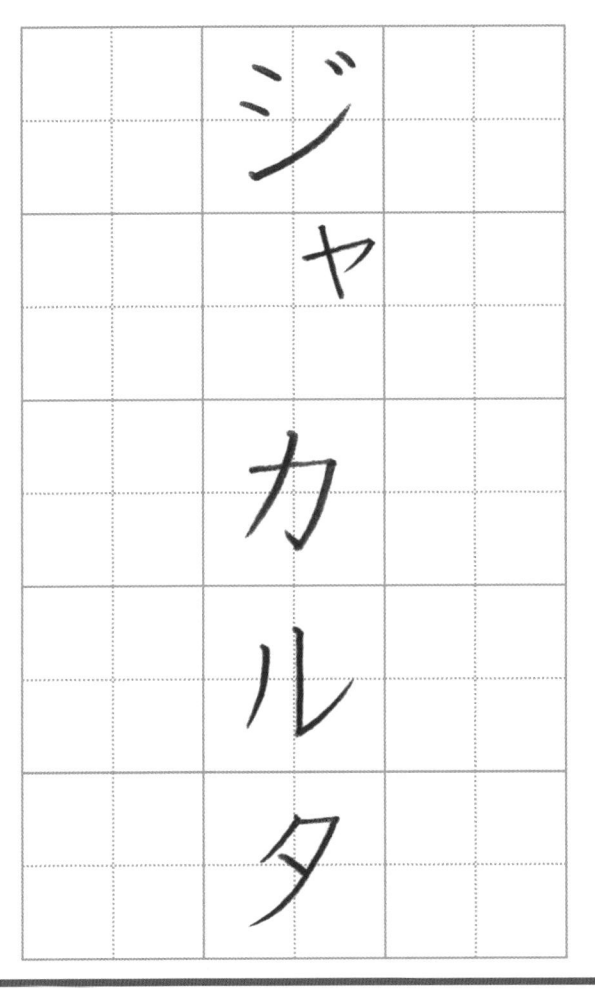

カタカナ　パズル

あいて　いる　□に、　もじを　いれよう。
□いがいの　もじも　なぞって　かこう。

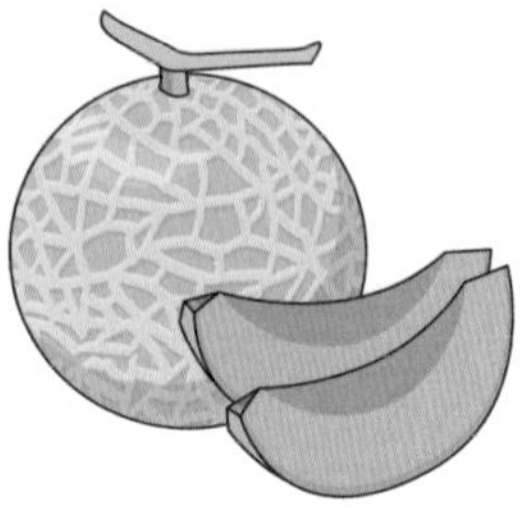

①ラー□ン（ロン）

②ピ□ノ（□ボカド）

③ラ□ネ（オ□レツ）

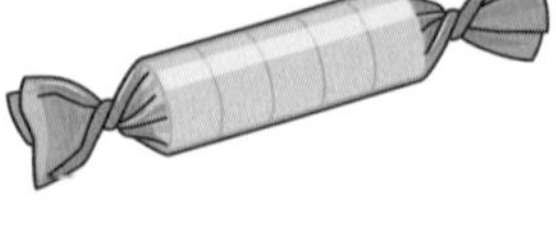
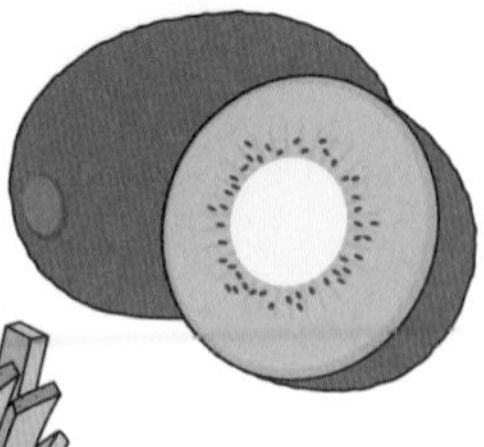

④フラ□ドポテト（キウ□）

こたえ　①メ　②ア　③ム　④イ

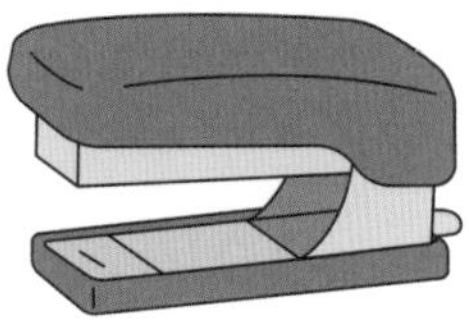

		ス		ー	ン	
		ブ		ン	コ	
	ク	リ		マ	ス	
		ホ		キ	ス	
ピ	ー	ナ		ツ		
		オ		ラ		
	ハ	ン		ー	ガ	ー
	リ	ュ		ク		
	ヨ	ー		ル	ト	

こたえ　プラスチックバッグ

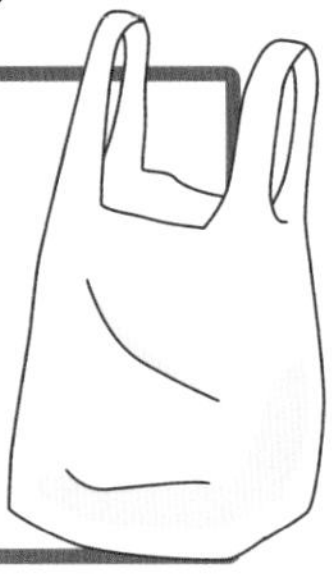

ものしりこばなし

さいきんは　かんきょうたいさくで　できるだけ　つかわない　ことが　もとめられて　いる　レジぶくろ。この　ふくろを　えいごでは　「プラスチックバッグ」と　いう。「ビニールバッグ」「ナイロンバッグ」などと　いっても、ほぼ　つうじる　ことは　ない。

できたよ!

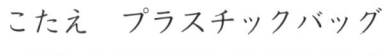

サ	ラ	①			
②					
タ	ク	③	ー		
ク					
④	ブ	⑤	タ	⑥	
ー					
ス	⑦	ゲ	⑧	テ	⑨

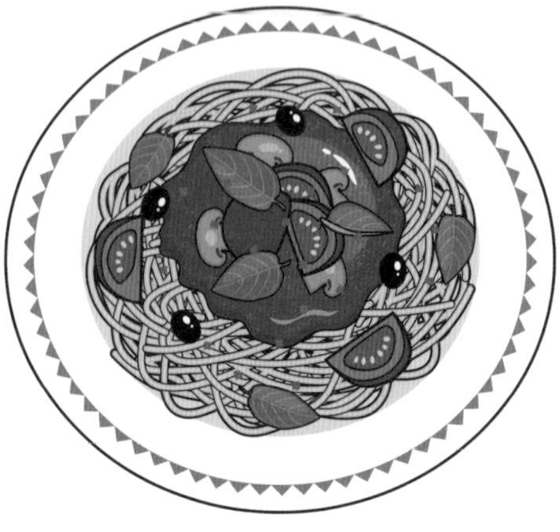

こたえ　①ダ　②ン　③シ　④ロ　⑤ス　⑥ー　⑦パ　⑧(ちいさい)ッ　⑨(ちいさい)ィ

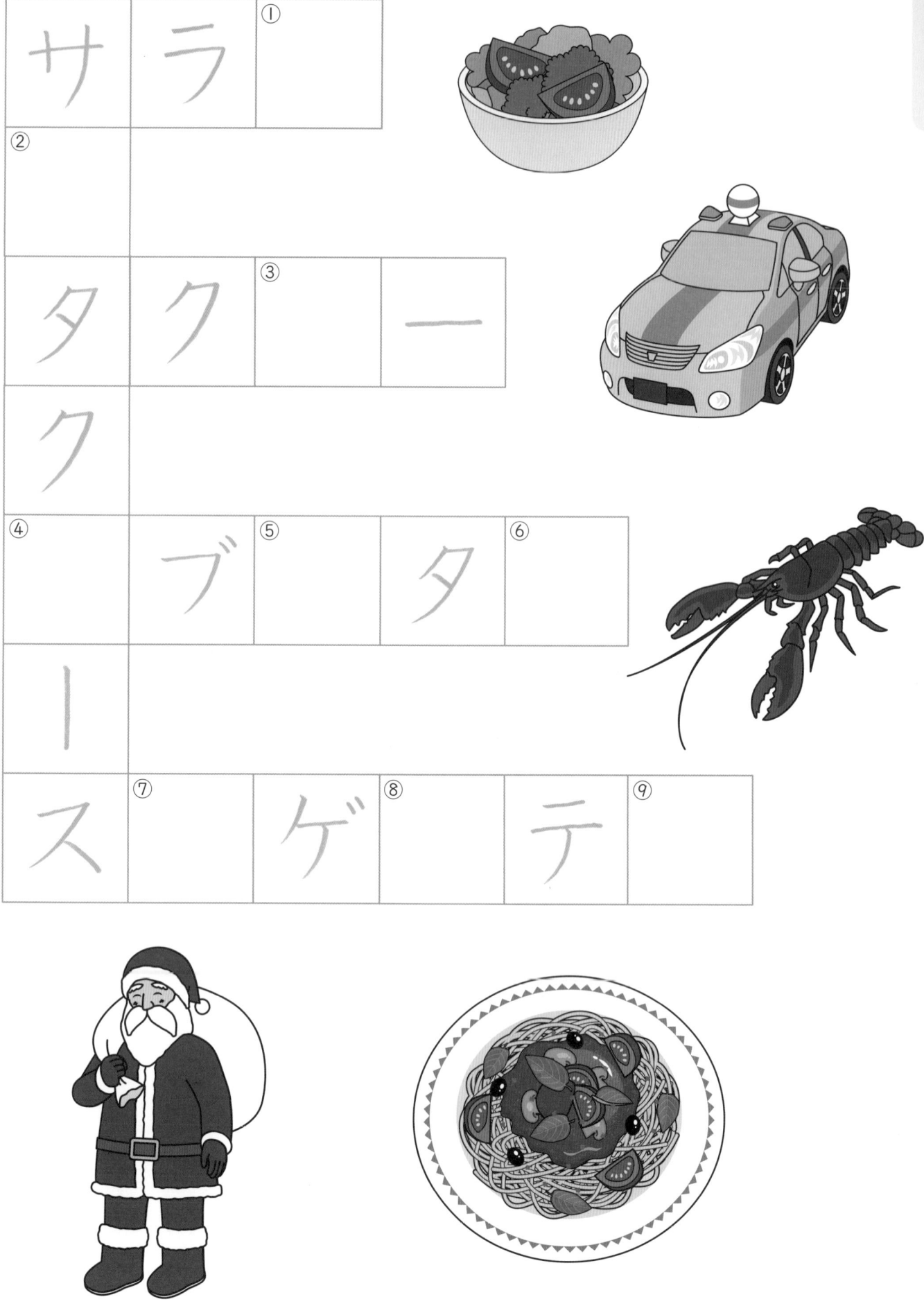

4

かん字《じ》

「止《と》め」「はね」「はらい」

1

かん字《じ》の　「止《と》め」「はね」「はらい」は　どのように　書《か》くのかな。ゆびで　なぞって　たしかめよう。

止《と》め

コツ　ぴたっと　止《と》める。

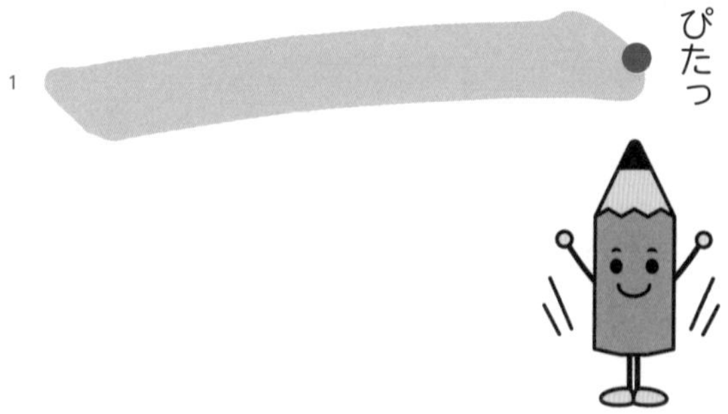

はね

コツ　止《と》めてから、ぴょんと　はねる。

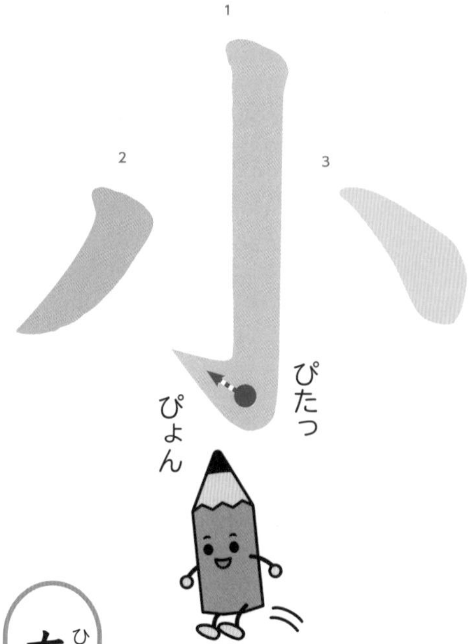

右《みぎ》はらい

コツ　止《と》めてから、すうっと　はらう。

左《ひだり》はらい

コツ　すうっと　はらう。

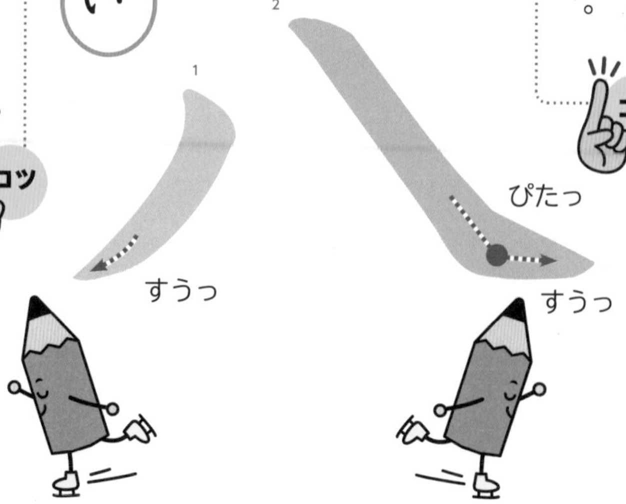

一《いち》　小《ちいさい》　八《はち》

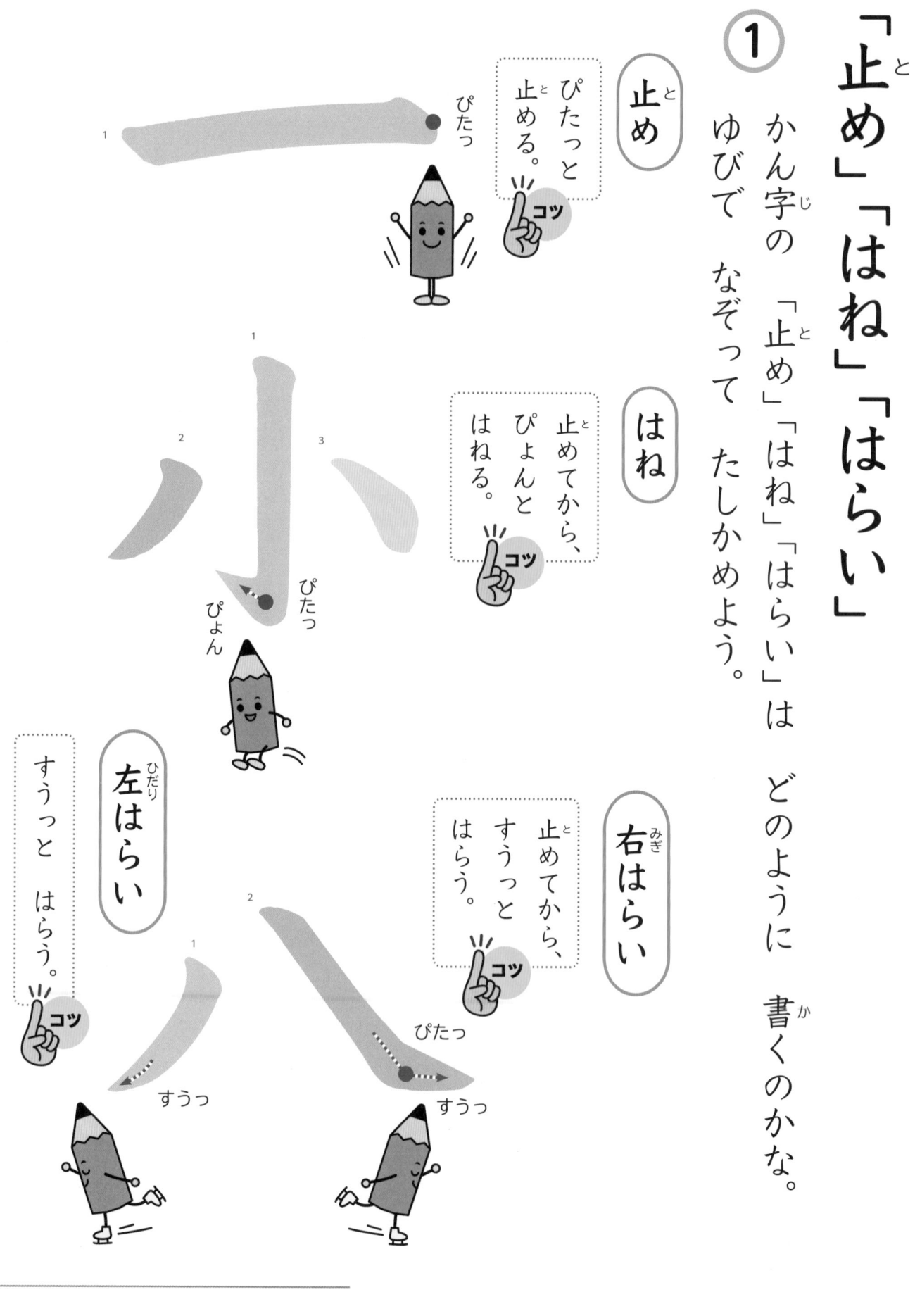

2

「止《と》め」「はね」「はらい」の れんしゅうを しよう。

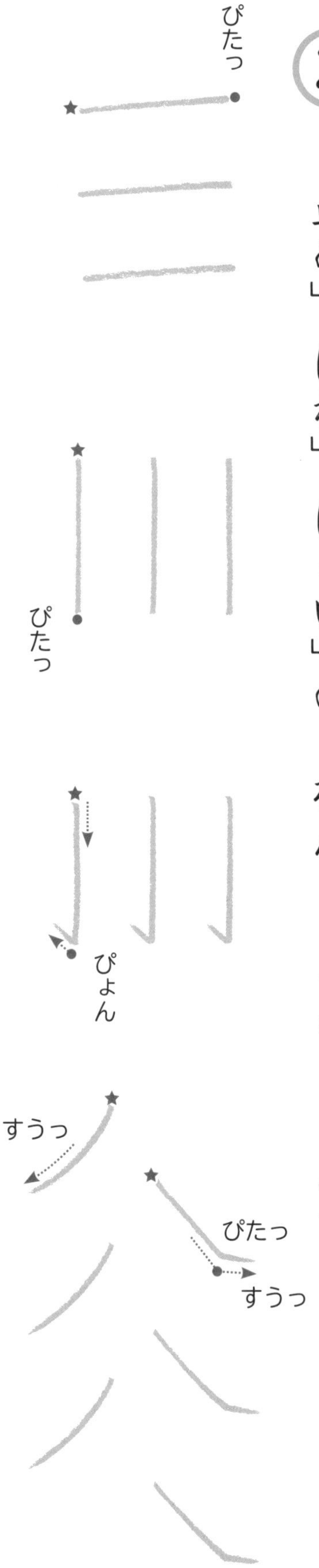
ぴたっ
ぴたっ
ぴょん
すうっ
ぴたっ
すうっ

3

「止《と》め」「はね」「はらい」に 気《き》を つけて 書《か》こう。

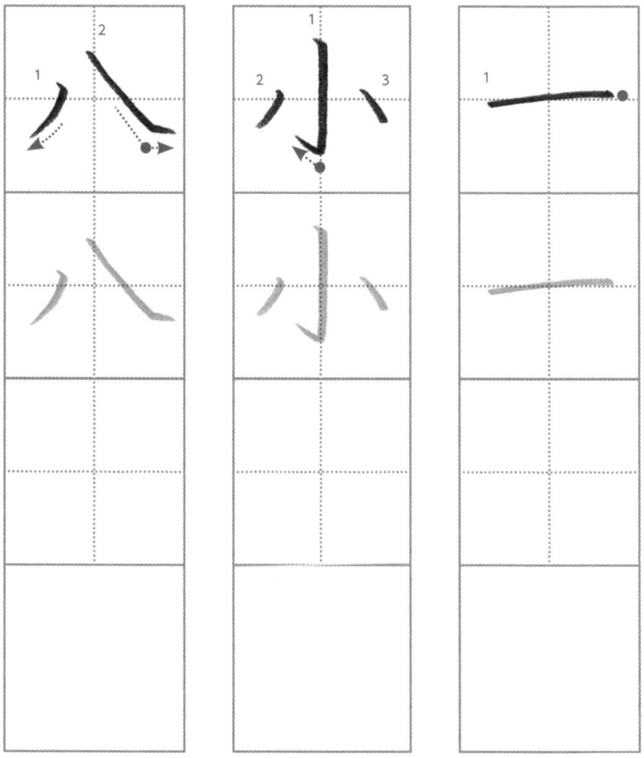

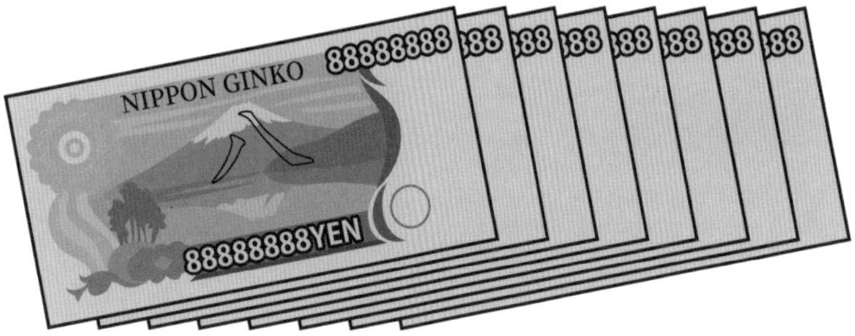
NIPPON GINKO
88888888
八
88888888YEN

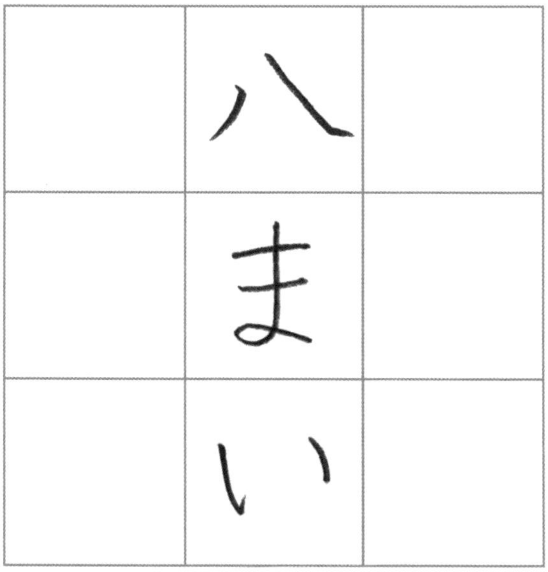
八
ま
い

ものしりこばなし

「八《はち》」は えんぎが よい 数字《すうじ》と いわれる。上《うえ》から 下《した》への すえ広《ひろ》がりで、えい遠《えん》の はってんや はんえいを あらわして いると されるからだ。中国《ちゅうごく》では 日本《にほん》より 人気《にんき》が あり、「8」の 入《はい》った 車《くるま》の ナンバーを 手《て》に 入《い》れるのは、きわめて むずかしいらしい。

できたよ!

「おれ」「まがり」「そり」

① かん字《じ》の 「おれ」「まがり」「そり」は どのように 書《か》くのかな。ゆびで なぞって たしかめよう。

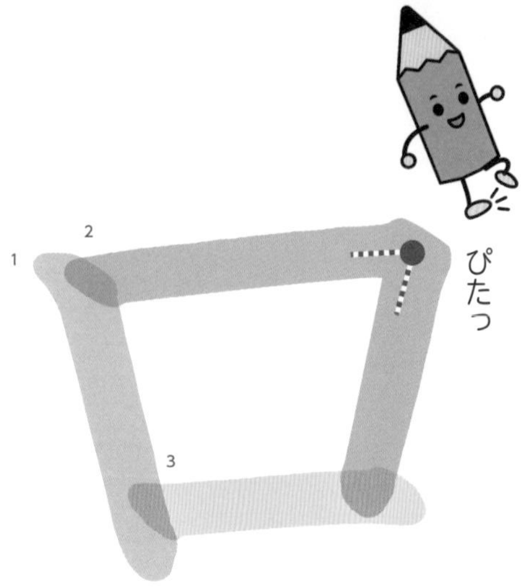

おれ

ぴたっと 止《と》めて、むきを かえる。

コツ

まがり

止《と》めないで、ゆっくり むきを かえる。

コツ

そり

すこし ふくらませるように 書《か》く。

コツ

子《こ》 七《しち(なな)》 口《くち》

②「おれ」「まがり」「そり」の　れんしゅうを　しよう。

③「おれ」「まがり」「そり」に　気《き》を　つけて　書《か》こう。

口　七　子

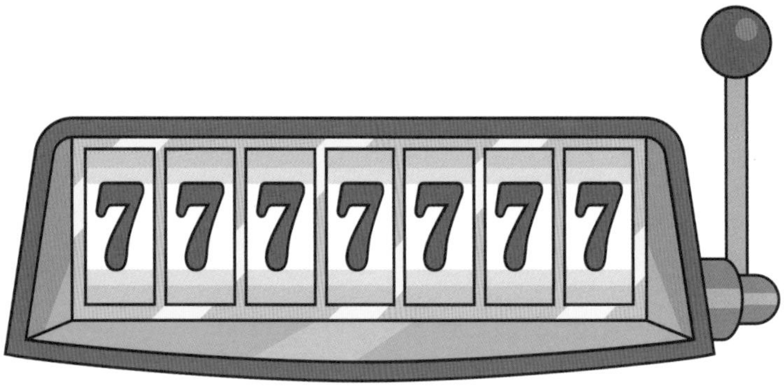

七こ

できたよ!

ものしりこばなし

「七《なな》」も　えんぎが　よいと　されるが、こちらは　西《せい》ようで　古《ふる》くから　大切《たいせつ》に　されてきた　数字《すうじ》だ。きゅうやくせい書《しょ》では、かみは　六日《むいか》で　天地《てんち》を　つくり、七日目《なのかめ》に　休《やす》んだと　され、七番目《ななばんめ》は　何《なに》かと　よく　とくべつに　あつかわれる。なにより、一週間《いっしゅうかん》は　七日《なのか》だ。

点画《てんかく》の 名前《なまえ》

1

かん字《じ》は、点《てん》や 画《かく》から できて いるよ。点画《てんかく》の 名前《なまえ》を ゆびで なぞりながら たしかめよう。

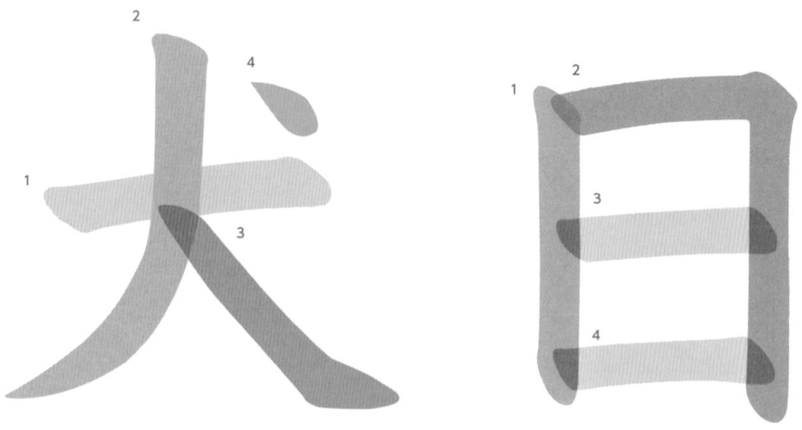
1
2
3
4
1
2
3
4

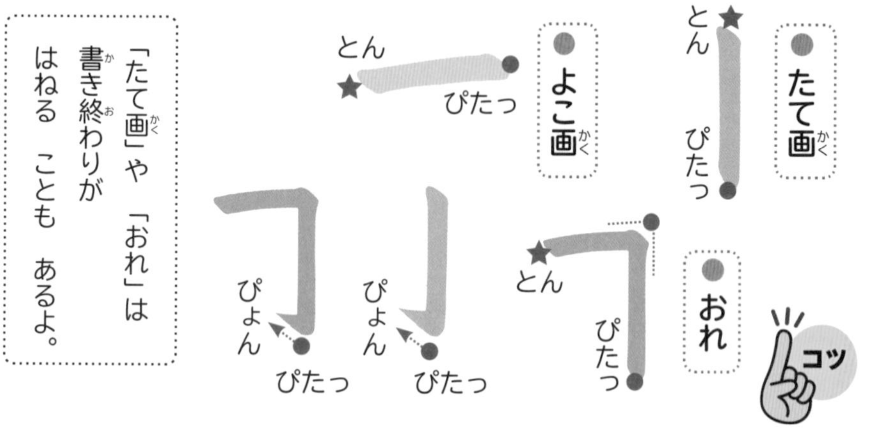
たて画《かく》
とん
ぴたっ
よこ画《かく》
とん
ぴたっ
おれ
とん
ぴたっ
ぴょん
ぴたっ
ぴょん
ぴたっ
コツ
「たて画《かく》」や 「おれ」は
書《か》き終《お》わりが
はねる ことも あるよ。

2

点《てん》や 画《かく》を 書《か》く れんしゅうを しよう。

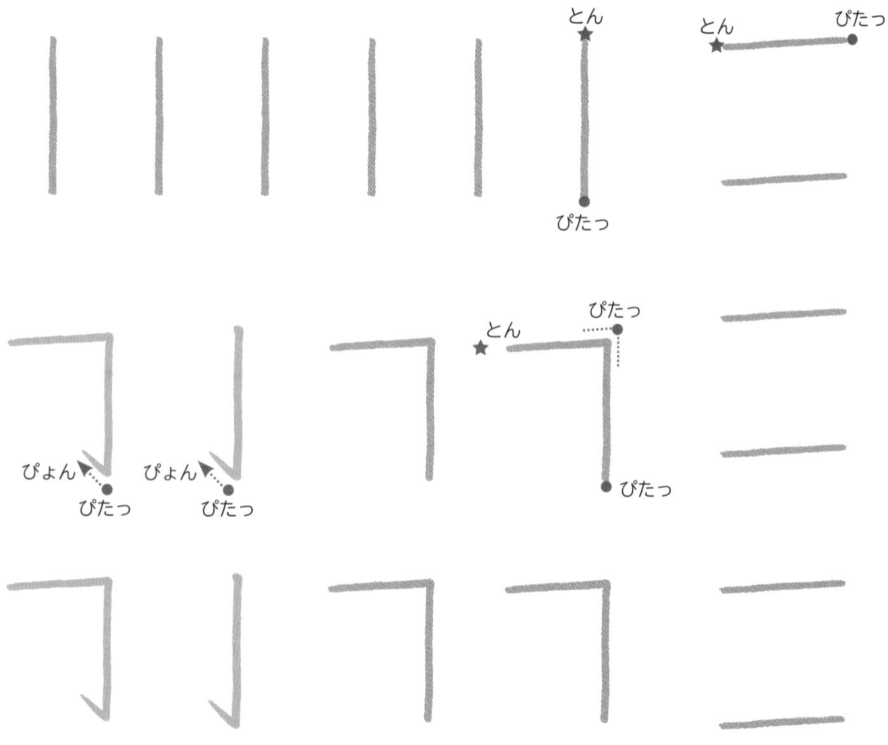
とん
ぴたっ
とん
ぴたっ
とん
ぴたっ
ぴたっ
ぴょん
ぴたっ
ぴょん
ぴたっ

先《さき》 手《て》 紙《かみ》 犬《いぬ》 日《ひ》

先手紙

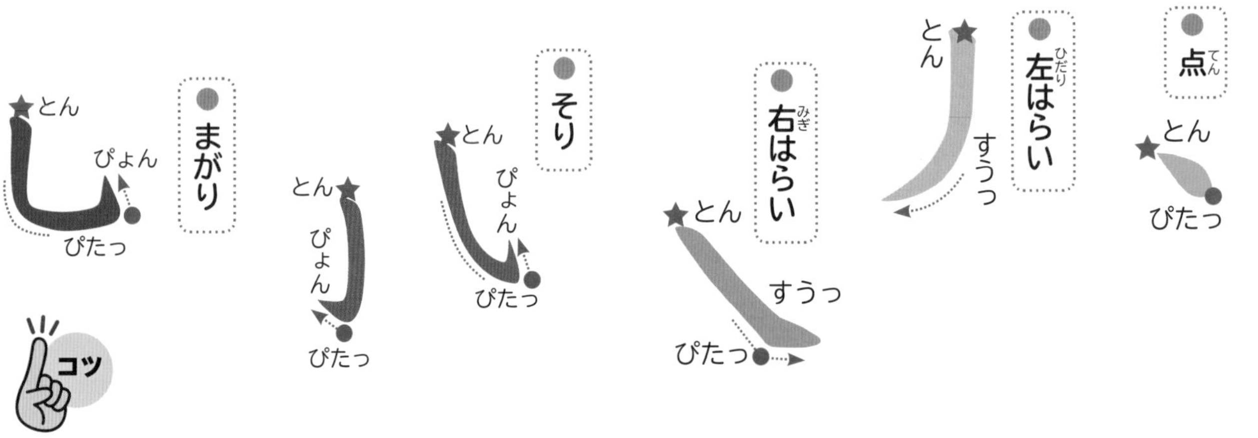
まがり
とん
ぴょん
ぴたっ
そり
とん
ぴょん
ぴたっ
右《みぎ》はらい
とん
すうっ
ぴたっ
左《ひだり》はらい
とん
すうっ
点《てん》
とん
ぴたっ
コツ

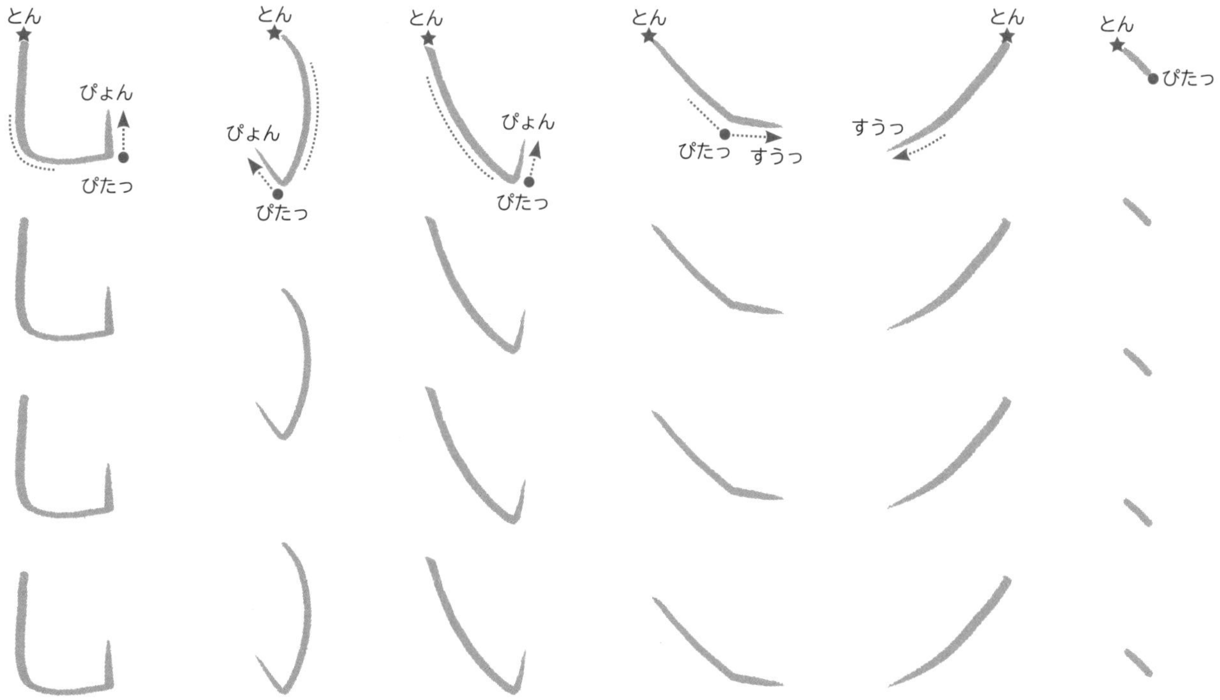
とん
ぴょん
ぴたっ
とん
ぴょん
ぴたっ
とん
ぴょん
ぴたっ
とん
ぴたっ
すうっ
とん
すうっ
とん
ぴたっ

できたよ!

ものしりこばなし

「犬《いぬ》」と　いう　かん字《じ》は、形《かたち》や　すがたを　かたどった　しょう形文字《けいもじ》だ。犬《いぬ》を　よこから見《み》た　すがたを　かたどって　いるのだが、さて、右上《みぎうえ》の　点《てん》は　何《なに》を　あらわして　いるだろうか。正《せい》かいは、ぴんと　立《た》った　「耳《みみ》」だ。

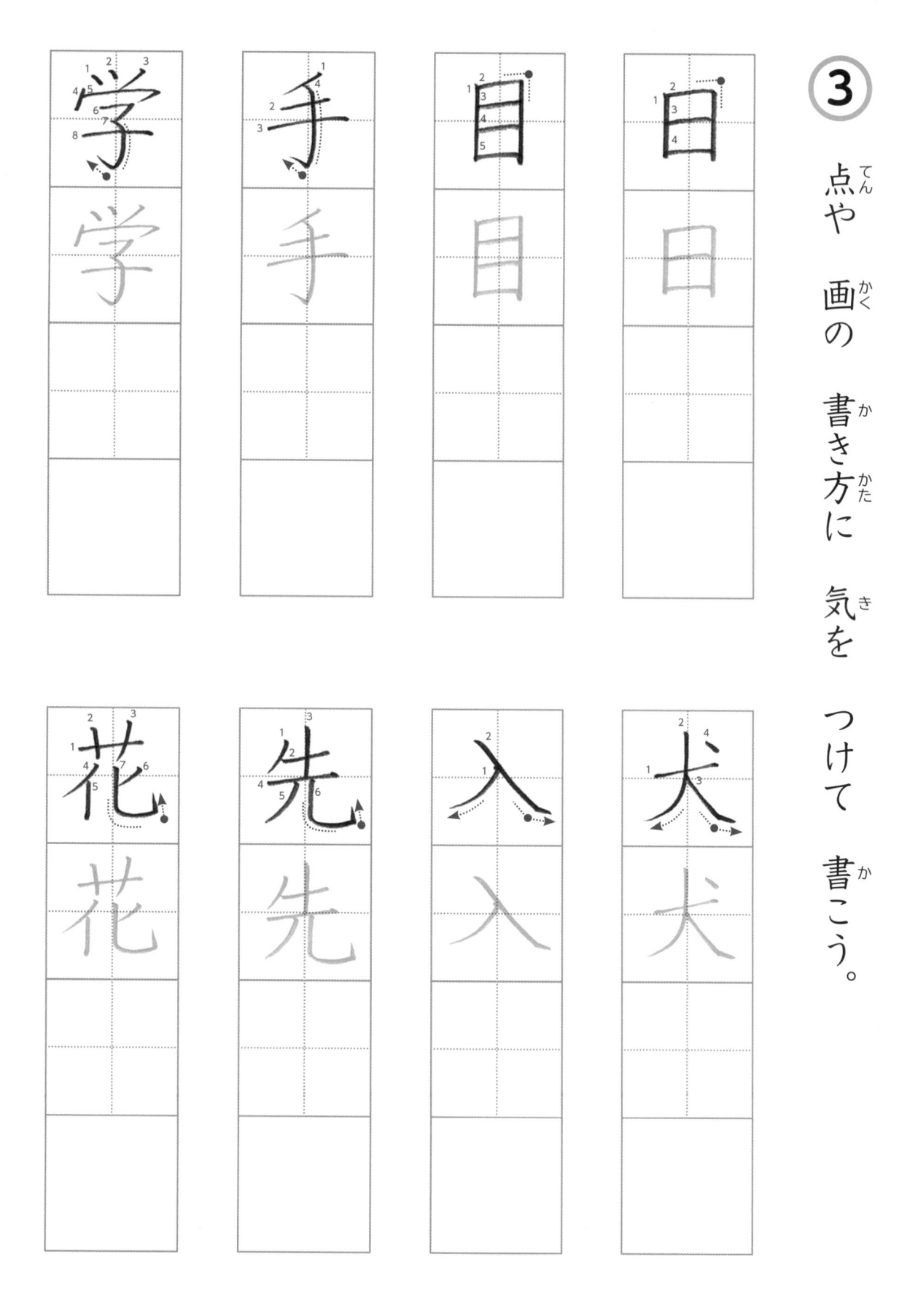

③ 点《てん》や 画《かく》の 書《か》き方《かた》に 気《き》を つけて 書《か》こう。

日 日

目 目

手 手

学 学

犬 犬

入 入

先 先

花 花

花《はな》 入《はいる》 学《まなぶ》 目《め》

④ 点《てん》や　画《かく》に　気《き》を　つけて　書《か》こう。

犬がすきです。

さくらの花

ものしりこばなし

日本《にほん》の　国花《こっか》と　いえば、「さくら」が　だいひょうかくだ。古《こ》てんの　せかいでは、「花《はな》」は　すなわち　さくらを　あらわす。ちなみに、アメリカも　イギリス（れん合王国《ごうおうこく》）も　だいひょうてきな　国花《こっか》は　「バラ」である。オランダの　国花《こっか》が　「チューリップ」なのは　ゆう名《めい》だ。

※国花は、法律等で定められているわけではない。

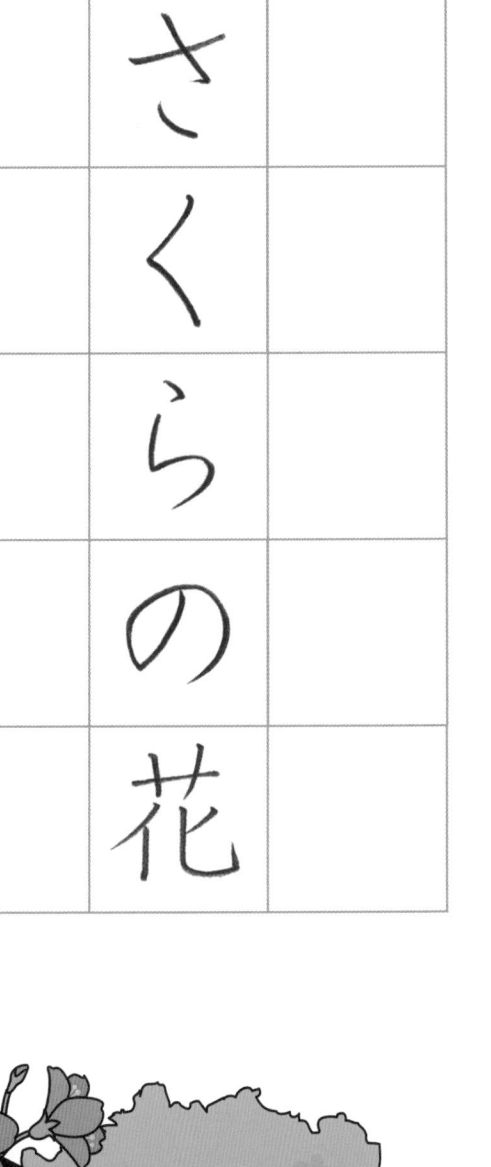

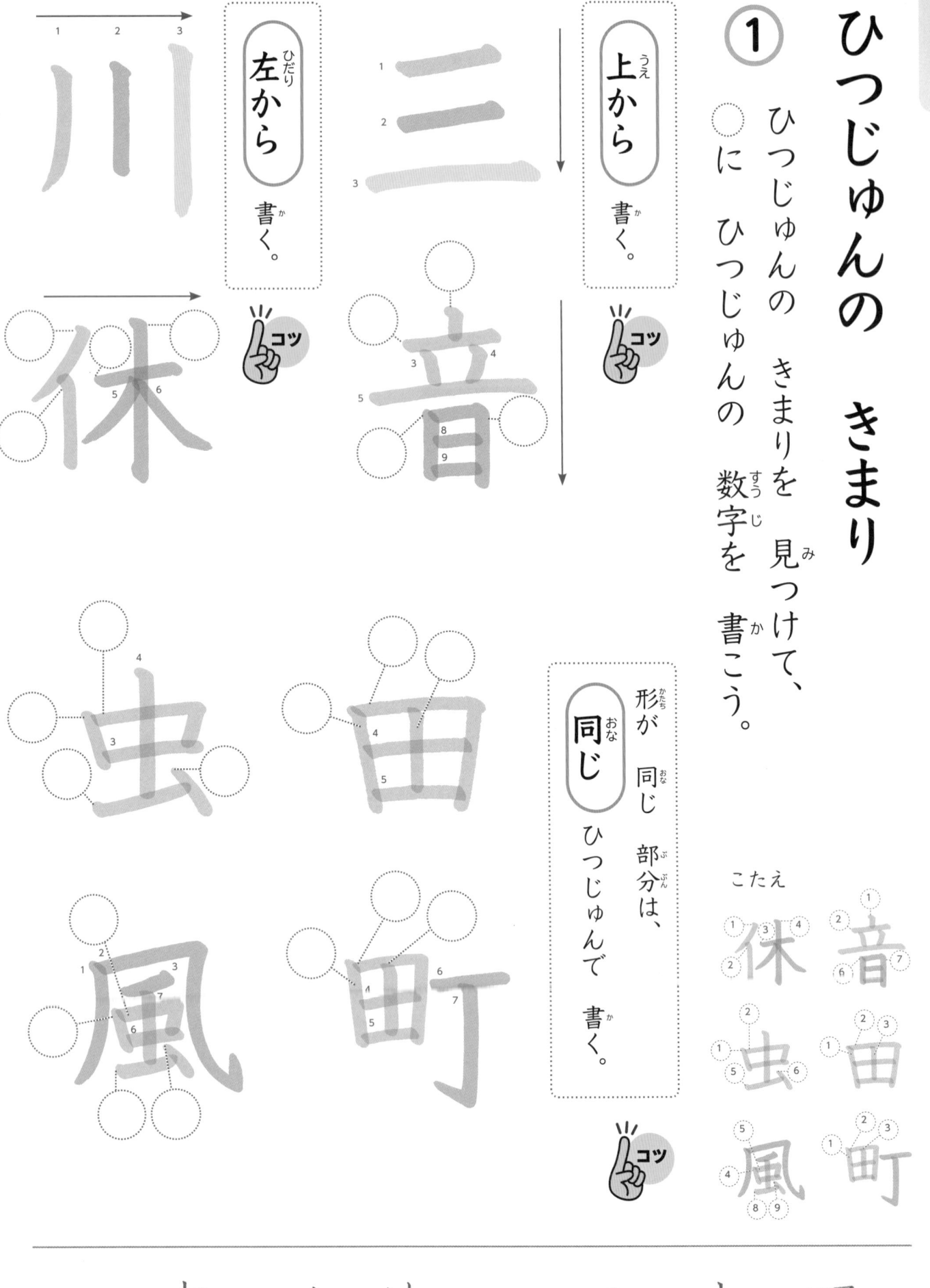

ひつじゅんの　きまり

① ひつじゅんの　きまりを　見《み》つけて、
○に　ひつじゅんの　数字《すうじ》を　書《か》こう。

上《うえ》から 書《か》く。

左《ひだり》から 書《か》く。

同《おな》じ 形《かたち》が　同《おな》じ　部分《ぶぶん》は、ひつじゅんで　書《か》く。

三　音　川　休　田　町　虫　風

こたえ

三《さん》　音《おと》　川《かわ》　休《やすむ》　田《た》　町《まち》　虫《むし》　風《かぜ》

2 ひつじゅんの　きまりを　たしかめて　書《か》こう。

立　音　木　休　虫

上から　左から

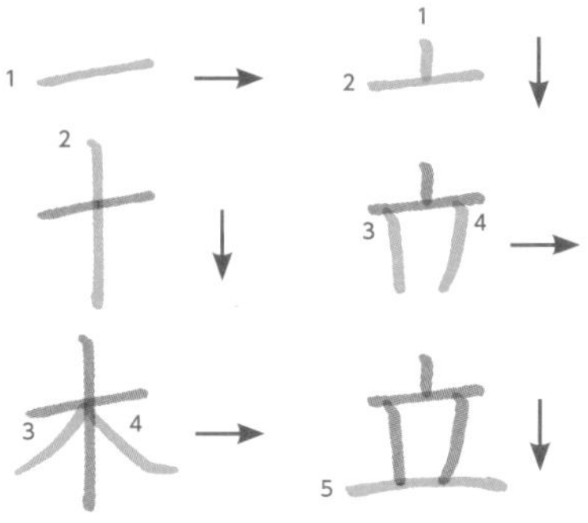

立《たつ》　木《き》

虫の音

※この　場合《ばあい》は、「音」は　「おと」では　なく　「ね」と　読《よ》む。「むしのね」。

ものしりこばなし

コオロギは　羽《はね》を　こすり合《あ》わせて　なく（音《おと》を出《だ》す）。なくのは　オスだけで、メスへ　アピールする　ときと　ほかの　オスを　いかくする　ときでは、なき方《かた》を　かえる。ちなみに、かは　メスよりも　オスの　ほうが　高《たか》い　音《おと》で　なくため、目立《めだ》つ。どうぶつを　さすのは　メスだけなのに。

できたよ！

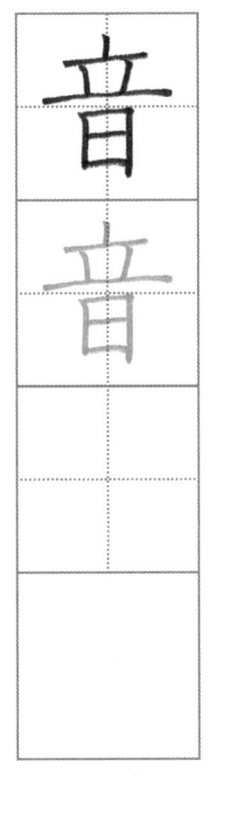

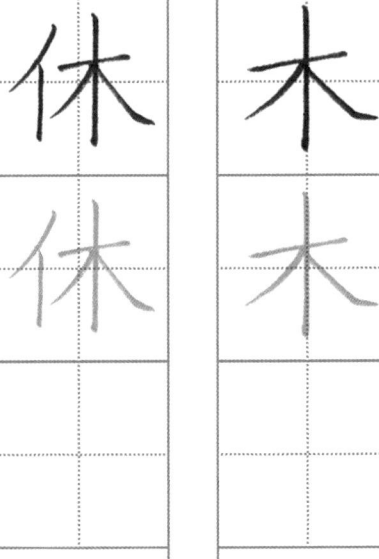

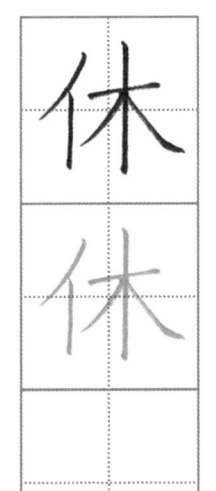

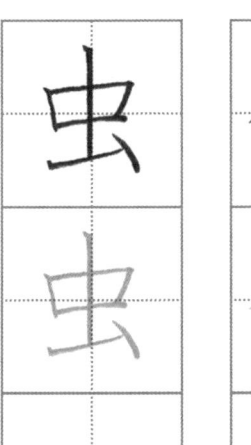

① 画《かく》の 長《なが》さ

どちらが ととのって いるかな。
ととのって いる ほうを ○で かこもう。

三 三

川 川

王 王

青 青

コツ
「よこ画《よこ》」が いくつか ある ときは、一《ひと》つの 画《かく》を 長《なが》く 書《か》き、ほかの 画《かく》は、だいたい 同《おな》じ 長《なが》さに する。

こたえ
三 三（○）
川（○） 川
王（○） 王
青（○） 青

王《おう》 青《あお》 車《くるま》

② 長《なが》い「よこ画《かく》」を 見《み》つけてから 書《か》こう。

三 川 王 青 車

青い車

ものしりこばなし

「青《あお》は あいより 出《い》でて あいより 青《あお》し」と いう ことわざが ある。「青色《あおいろ》は あいと いう 草《くさ》から とれるが、その 色《いろ》は 元《もと》の あいよりも あざやかな 青色《あおいろ》に なる」と いう いみで、「弟子《でし》が 先生《せんせい》より すぐれた ものに なる」 たとえで つかわれる。

できたよ!

ISBN978-4-487-81533-3
C6081 ¥1500E
定価 (本体 +税
注文日 月

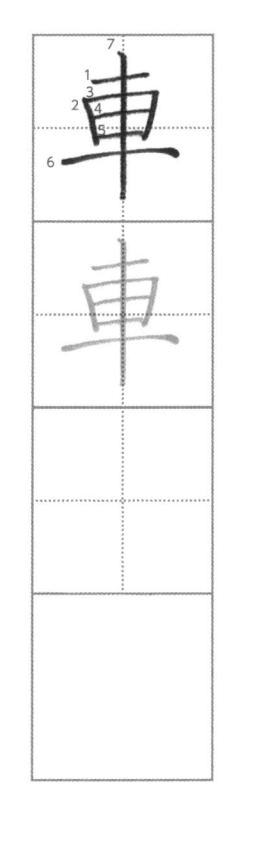

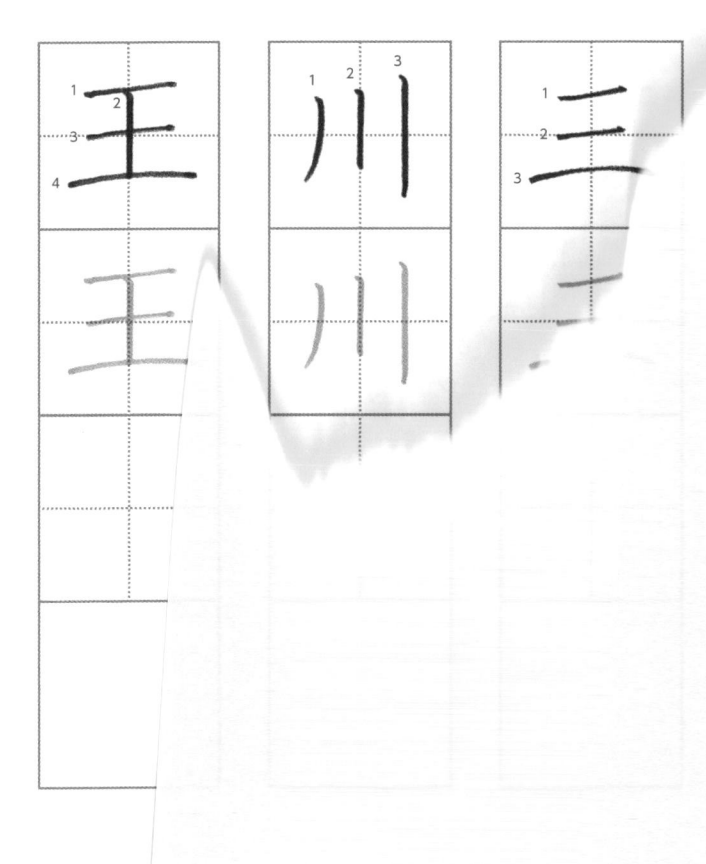

画《かく》の むきと、画《かく》と 画《かく》の 間《あいだ》

① どちらが ととのって いるかな。ととのって いる ほうを ○で かこもう。

言 言

言 耳 田

言 田 耳

コツ 「よこ画《かく》」を だいたい、同《おな》じ むきに そろえて 書《か》く。

コツ 画《かく》と 画《かく》の 間《あいだ》を 同《おな》じくらいの 広《ひろ》さに あける。

こたえ
言 田 耳
言 田 耳

言《いう》 田《た》 耳《みみ》 門《もん》 聞《きく》 下《した》 千《せん》

〒114-8524
7531
538
ひらがな カタカナ 小2までのかん字 うまく書けるドリル
東京書籍 出版事業部 編著
定価1650円
(本体1500円
+税10%)
ISBN978-4-487-81533-3

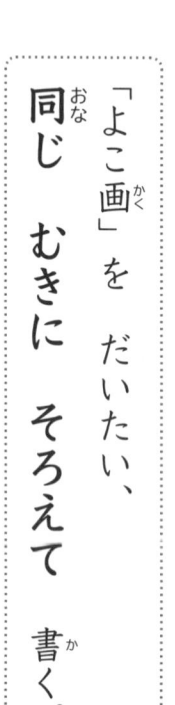

② 画《かく》の むきと、画《かく》と 画《かく》の 間《あいだ》に 気《き》を つけて 書《か》こう。

言 田 耳 門 聞

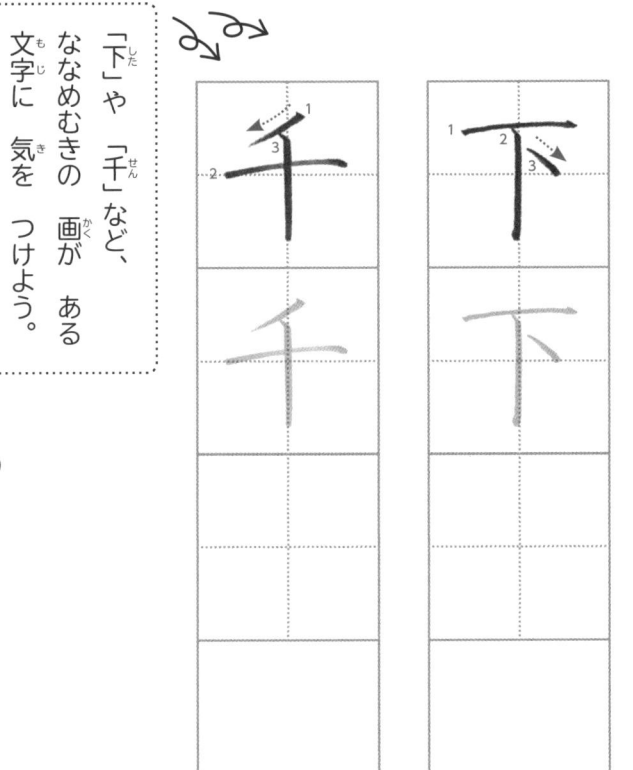

下 千

「下《した》」や 「千《せん》」など、ななめむきの 画《かく》が ある 文字《もじ》に 気《き》を つけよう。

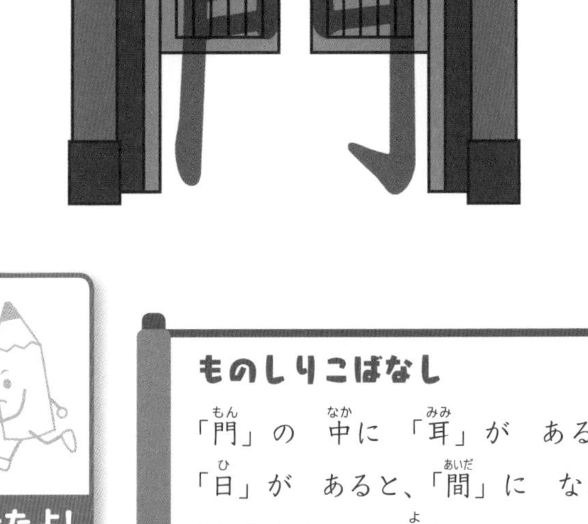

できたよ!

ものしりこばなし

「門《もん》」の 中《なか》に 「耳《みみ》」が あると、「聞《き》く」に なる。「口《くち》」が あると、「問《と》う」に なる。「日《ひ》」が あると、「間《あいだ》」に なる。では、「人《ひと》」が いると、何《なに》に なるか。「閃く」と 書《か》いて 「ひらめく」と 読《よ》む。

※「閃」は常用漢字ではない。

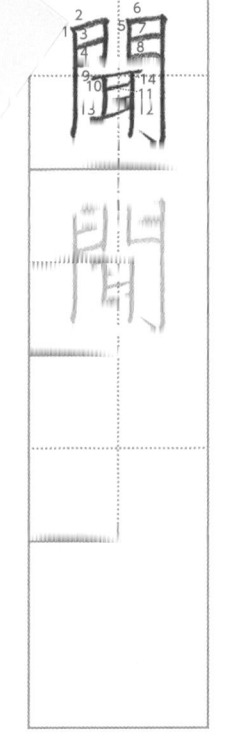

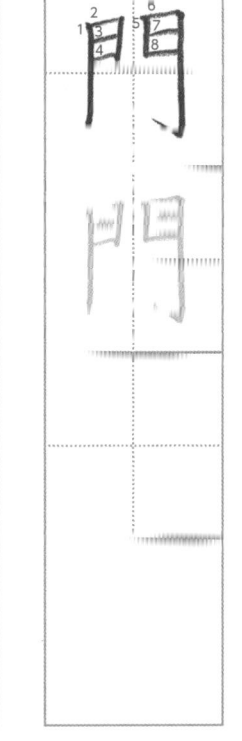

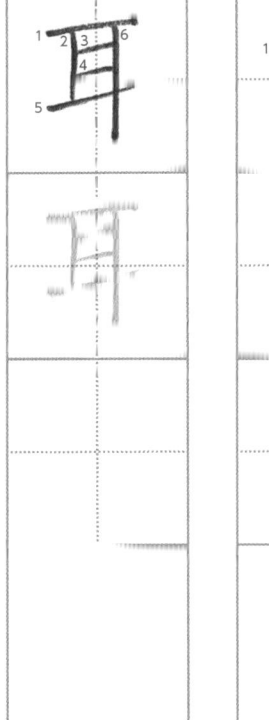

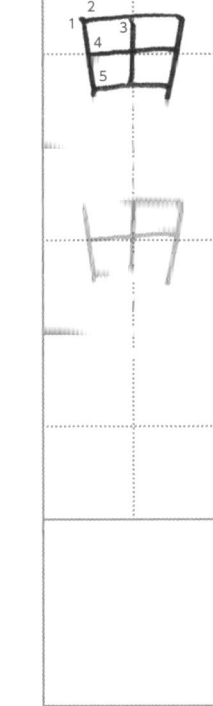

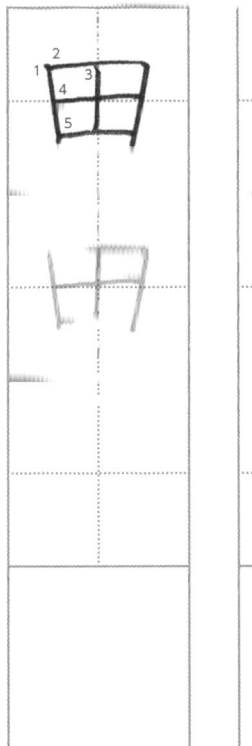

「おれ」の むきと 「はらい」の むき

① 「おれ」の むきを なぞって たしかめよう。

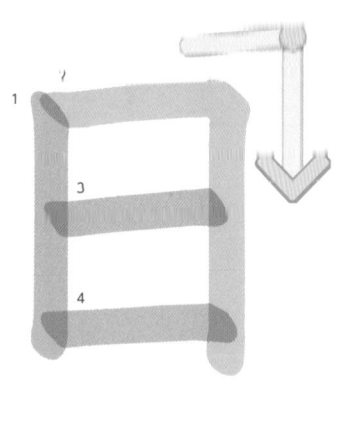

日

ま下《した》に おれる。

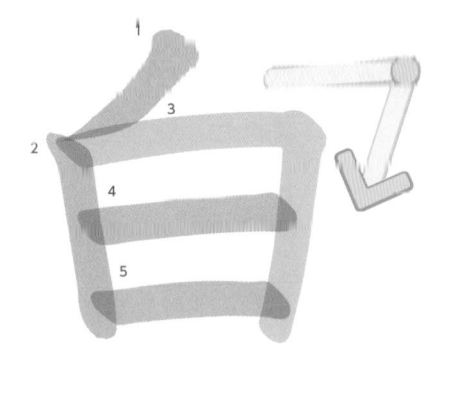

白

内《うち》がわに おれる。

② 「おれ」の むきに 気《き》を つけて 書《か》こう。

日	円	白	早
日	円	白	早

円《えん》 白《しろ》 早《はやく》 天《てん》 月《つき》

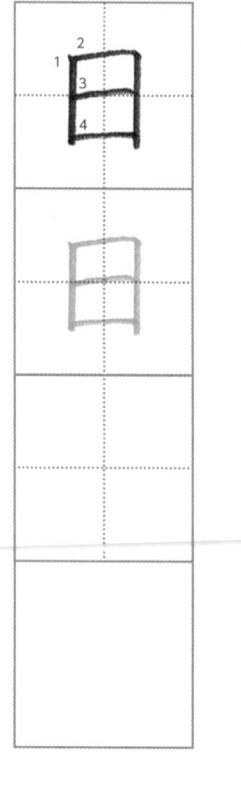

3

「左《ひだり》はらい」の　むきを　なぞって　たしかめよう。

手　左《ひだり》よこに　はらう。コツ

木　ななめ左《ひだり》に　はらう。コツ

天　まっすぐ　書《か》いて、とちゅうから　はらう。コツ

月　まっすぐ　書《か》いて、さいごだけ　はらう。コツ

4

「左《ひだり》はらい」の　むきに　気《き》を　つけて　書《か》こう。

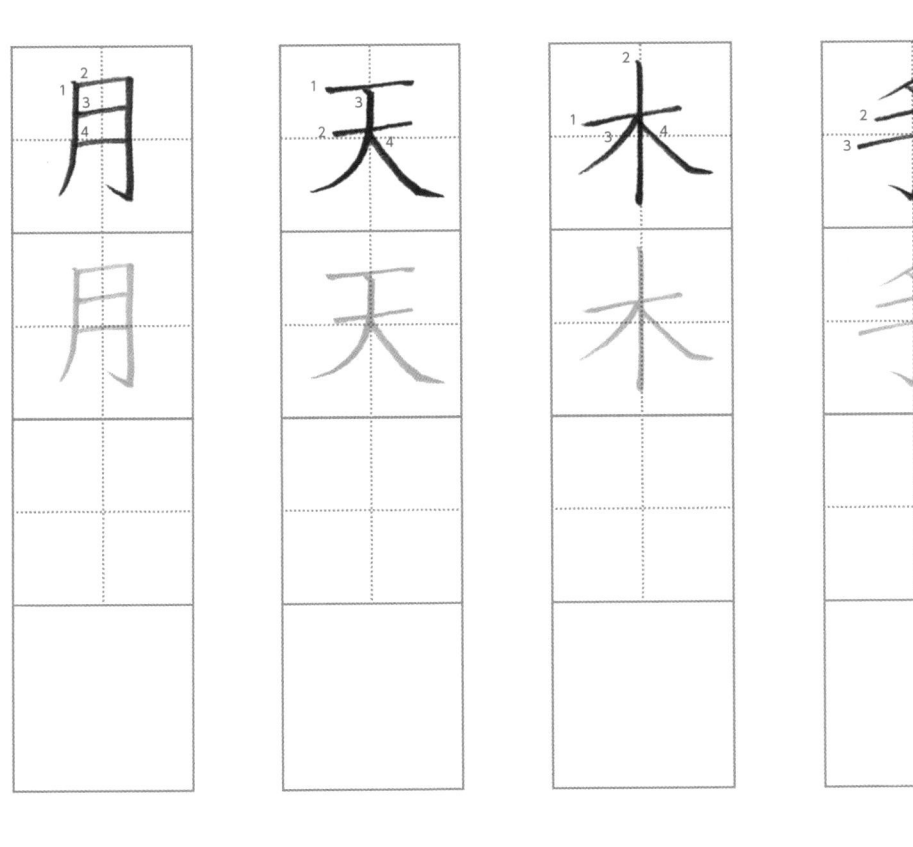

手　木　天　月

できたよ！

ものしりこばなし

月《つき》は　やく　27日《にち》で　地《ち》きゅうの　まわりを　１しゅう（公《こう》てん）する。そして、同《おな》じく　やく　27日《にち》で　１回《かい》　自《じ》てんを　する。つまり、地《ち》きゅうに　たいして　月《つき》は　いつも　同《おな》じ　めんしか　見《み》せて　いない。いつ　見上《みあ》げても　同《おな》じ　もようなのは、この　ためだ。

文字《もじ》の　形《かたち》

①

ととのって　いる　文字《もじ》を
○で　かこもう。

寺　寺　寺

コツ

だいたいの　形《かたち》を
考《かんが》えてから　書《か》くと、
ととのった　文字《もじ》に
なる。

②

文字《もじ》の　形《かたち》を
考《かんが》えながら　書《か》こう。

● たてが　長《なが》い。　目

● たてと　よこが　同《おな》じくらい。　円

● 上《うえ》が　広《ひろ》い。　百

● よこが　長《なが》い。　四

● 中《なか》が　広《ひろ》い。　寺

● 下《した》が　広《ひろ》い。　五

こたえ

寺　寺　寺

四《し》　寺《てら》　百《ひゃく》　五《ご》　図《ず》　太《ふとい》　心《こころ》　半《はん》

③ 形《かたち》を　たしかめてから　書《か》こう。

月　図　太　心　半

書　上　下　手　空

糸　二

二《に》糸《いと》空《そら》上《うえ》書《かく》

ものしりこばなし

「図《ず》に　のる」の　「図《ず》」には、ものごとの　じょうたいや　せい力《りょく》と　いう　いみが　あるが、ぶっきょうの　ぎれいで　おぼうさんが　ふしを　つけて（歌《うた》のように）　おきょうを　となえる　ときの　ちょうしの　いみも　ある。ちょうしよく　となえらると、「図《ず》に　のる」と　いったようだ。

できたよ!

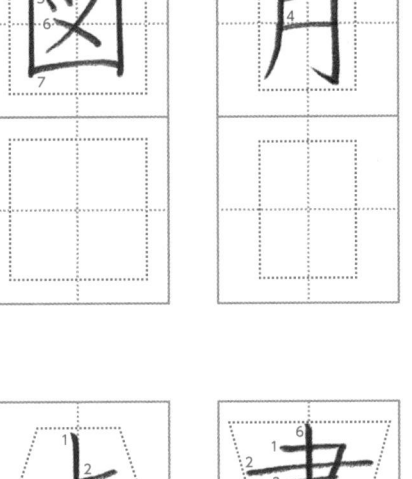

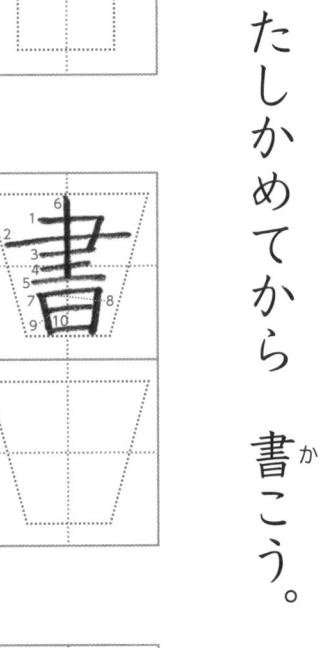

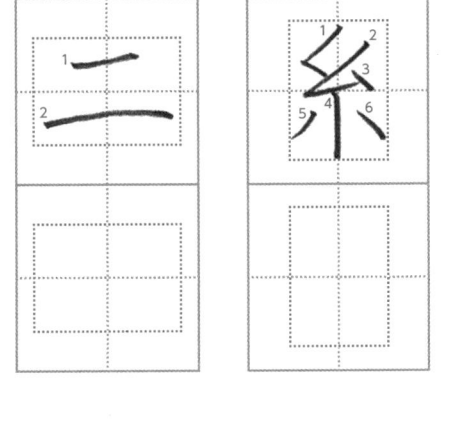

文字《もじ》の　中心《ちゅうしん》

1 文字《もじ》の　中心《ちゅうしん》を　見《み》つけよう。

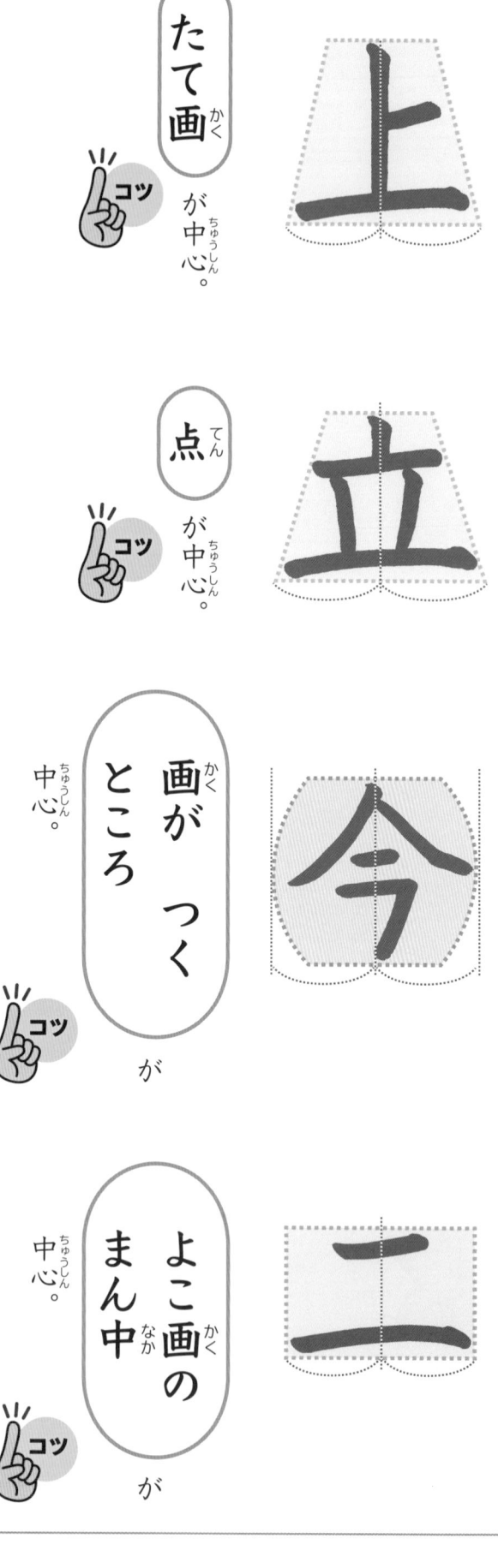

上

たて画《かく》 コツ が中心《ちゅうしん》。

立

点《てん》 コツ が中心《ちゅうしん》。

今

画《かく》が　つく　ところ コツ が中心《ちゅうしん》。

二

よこ画《かく》の　まん中《なか》 コツ が中心《ちゅうしん》。

文字《もじ》の　形《かたち》を　半分《はんぶん》に　おった　まん中《なか》が　文字《もじ》の　中心《ちゅうしん》に　なるよ。

2 文字《もじ》の　中心《ちゅうしん》を　見《み》つけてから　書《か》こう。

上

立

今

二

今《いま》　二《に》　字《じ》　谷《たに》　見《みる》　楽《たのしい》　会《かい》　東《ひがし》

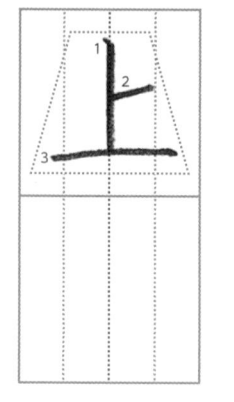

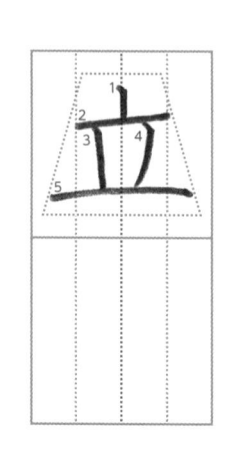

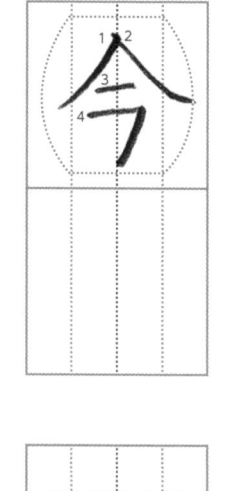

下

字

谷

見

③ 文字《もじ》の　中心《ちゅうしん》に　気《き》を　つけて　書《か》こう。

音楽会
（おん　がく　かい）

東西南北
（とう　ざい　なん　ぼく）

春夏秋冬
（しゅん　か　しゅう　とう）

冬《ふゆ》秋《あき》夏《なつ》春《はる》北《きた》南《みなみ》西《にし》

できたよ!

文《ぶん》しょうを 書《か》いて みよう

1 学《まな》んだ ことに 気《き》を つけて 書《か》こう。

文字《もじ》

文

べん強《きょう》

強

行《い》く（②で新出《しんしゅつ》）

行

このドリルで、たくさんの文字をべん強しました。

文《ぶん》 強《つよい》 行《いく》

ひらがな、カタカナだけでなく、かん字も書けるようになりました。

自分《じぶん》の　ことばで
文《ぶん》を　つけたそう。
名前《なまえ》も　書《か》こう。

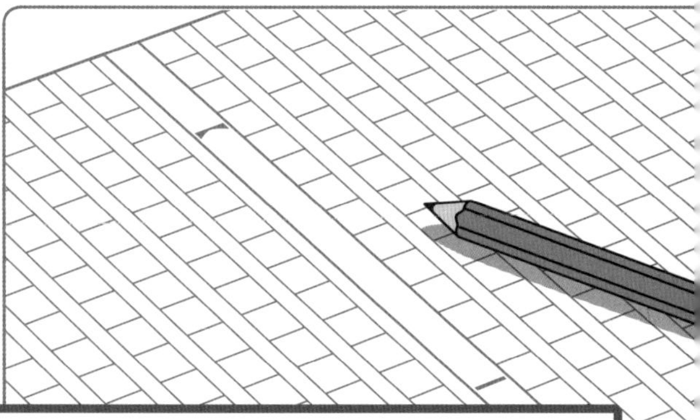

できたよ!

ものしりこばなし

原《げん》こう用紙《ようし》の　まん中《なか》に、よく　魚《さかな》の　しっぽが　たてに　なったような　しるしが　ある。あの　しるしは　「魚《ぎょ》び」と　よばれる。むかし、用紙《ようし》を　二《ふた》つおりに　して　ふくろとじに　する　ときの　目《め》じるしに　して　いた　なごりだ。

2 びんせんに　手紙《てがみ》を　書《か》いて　みよう。

じじへ
おこづかいをおくってくれて、ありがとう。夏休みにあそびに行くのを楽しみにしています。また、よういしておいてね。
あかねより

上《うえ》と　同《おな》じでは　なく、自分《じぶん》の　ことばで　書《か》こう。

5

一《いち》年《ねん》生《せい》で学《まな》ぶかん字《じ》

がんばる!

5 一年生《いちねんせい》で 学《まな》ぶ かん字《じ》

●二年生《にねんせい》までに 学《まな》ぶ 読《よ》み方《かた》
●二年生《にねんせい》までには 学《まな》ばない 読《よ》み方《かた》
●とくべつな 読《よ》み方《かた》

一 1画 一

●いち＝一年生
●いつ＝同一(どういつ)
●ひと＝一言(ひとこと)
●ひとつ＝りんごが 一つ

一日
●ついたち＝四月一日

一人
●ひとり＝一人の 男 一人だけ 来(こ)ない

二 2画 二二

●に＝二月 二まい
●ふた＝二言目(ふたことめ)
●ふたつ＝りんごが 二つ

二十日
●はつか＝二月二十日 二十日間(はつかかん)

二日
●ふつか＝三月二日 二日かかる

三 3画 三三三

●さん＝三さつ 三角(さんかく)
●み＝三日月
●みつ＝三つまたの フォーク
●みっつ＝りんごが 三つ

四 5画 四四四四四

●し＝四月 四方(しほう)
●よ＝四人 四年
●よつ＝四つ切(ぎ)り
●よっつ＝りんごが 四つ
●よん＝四本 四回(よんかい)

□《いち》から□《ご》までの 数字《すうじ》を ぜんぶ 足《た》すと、□《じゅう》□《ご》に なる。じつは、足《た》し合《あ》わせる 数字《すうじ》の

+ 4 + 5 =

さいしょの 数字《すうじ》　さい後《ご》の 数字《すうじ》

$$\frac{(1+5)}{2}$$

半分《はんぶん》に する

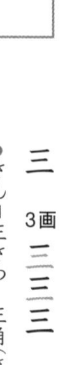

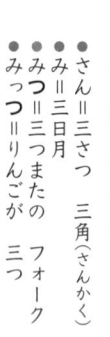

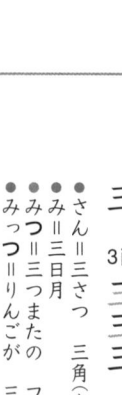

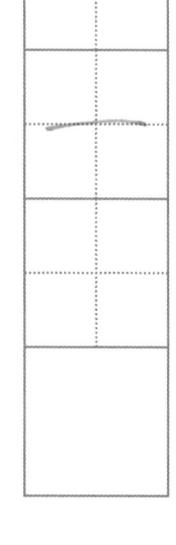

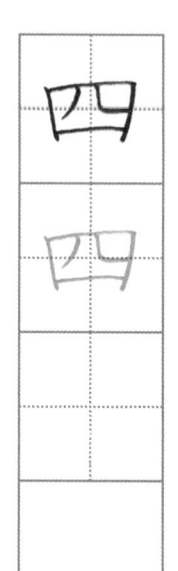

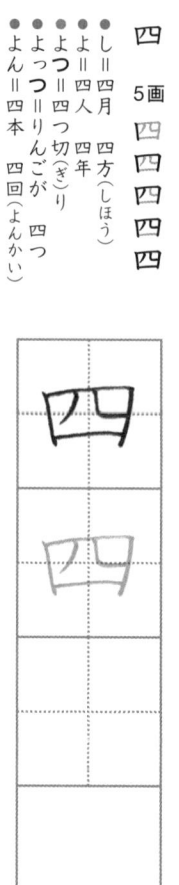

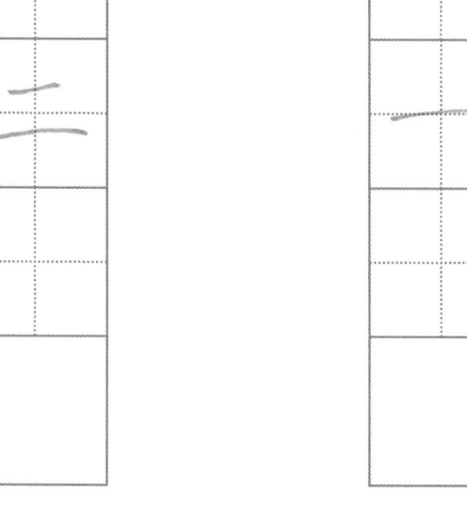

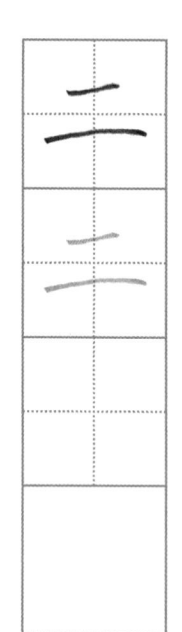

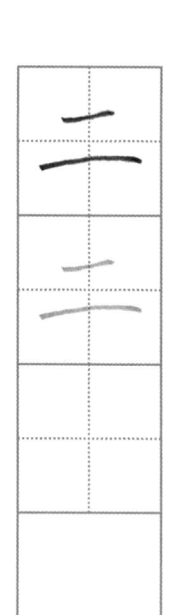

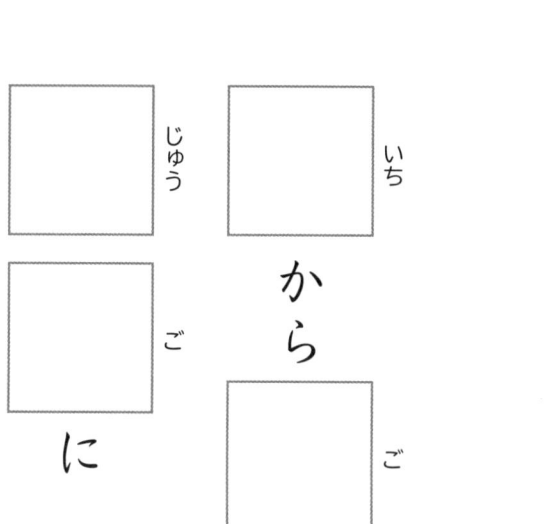

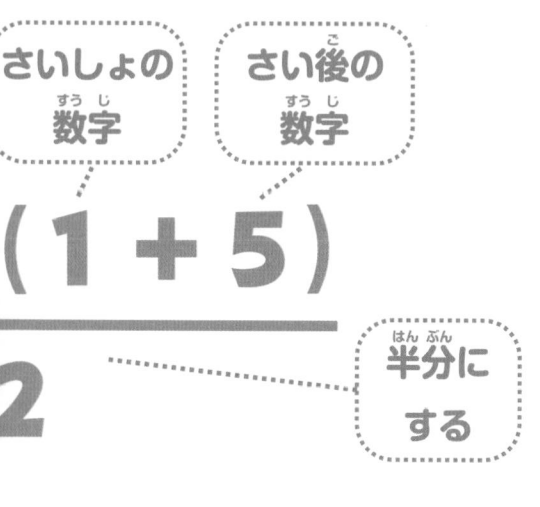

こ数《すう》と、さいしょと　さい後《ご》の　数字《すうじ》を　足《た》した　数《かず》を　かけて、それを　半分《はんぶん》に　するだけで　よい。

1＋2＋3

足《た》し合《あ》わせる　数字《すうじ》の　こ数《すう》

5 ×

五　4画　五五五五

●ご＝五ひき　五十音
●いつ＝五日
●いつつ＝五つの　りんご

六　4画　六六六六

●ろく＝六人　六時(ろくじ)
●む＝六月(むつき)が　たつ
●むっつ＝六つ切(ぎ)り
●むっつ＝六つの　りんご
●むい＝六日間(むいかかん)

七　2画　七七

●しち＝七五三
●なな＝七番目(ななばんめ)
●ななつ＝七つの　りんご
●なの＝七日

十　2画　十十

●じゅう＝十人　十まい　十年
●じっ(じゅっ)＝十本　十こ
●とお＝十日
●と＝十人十色(じゅうにんといろ)

二十日

●はつか＝二月二十日　二十日間(はつかかん)

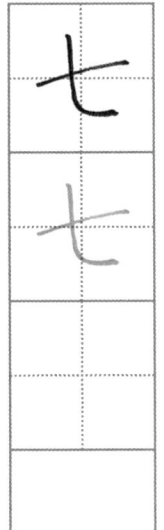

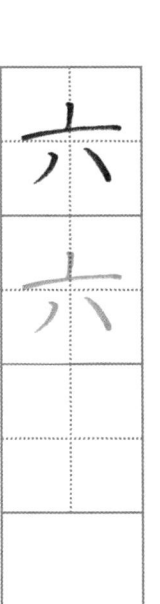

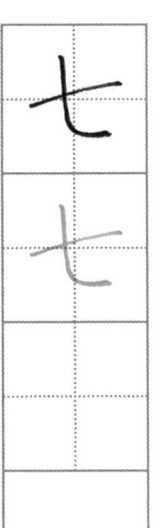

八　2画　八八
- はち＝八月　八台（はちだい）
- や＝八重（やえ）ざくら
- やつ＝八つ切（ぎ）り
- やっつ＝八つの　りんご
- よう＝八日目

九　2画　九九
- きゅう＝九回（きゅうかい）
- く＝九月　九九
- ここの＝九日
- ここのつ＝九つの　りんご

百　6画　百百百百百百
- ひゃく＝百円　百人　百回（ひゃっかい）

千　3画　千千千
- せん＝千円　二千人
- ち＝千代紙（ちよがみ）

□《おお》きい　数字《すうじ》でも　ほうそくは　同《おな》じだ。一《いち》から

□《ひゃく》までの　数字《すうじ》を　ぜんぶ　足《た》すと　いくつに　なる

$$\frac{(1+100)}{2}$$

- (1+100) の 1：さいしょの数字《すうじ》
- (1+100) の 100：さい後《ご》の数字《すうじ》
- 2：半分《はんぶん》にする

か。□《ひゃく》と□《ひゃく》一《いち》を かけると、一《いち》まん□《ひゃく》。

その 半分《はんぶん》だから、答《こた》えは 五《ご》□《せん》五十《ごじゅう》と なる。

足《た》し合《あ》わせる数字《すうじ》の こ数《すう》

100 ×

大 3画 大大大

- だい＝大小　大学
- たい＝大切（たいせつ）　大わらい
- おお＝大だいこ　大きい　犬
- おおいに＝大いに　食（た）べる

大人

- おとな＝大人と　子ども　大人用（おとなよう）の　シャツ

中 4画 中中中中

- ちゅう＝中心（ちゅうしん）
- じゅう＝一日中　日本中
- なか＝中を　のぞく

小 3画 小小小

- しょう＝小学校　大小
- ちいさい＝小さい　池（いけ）
- こ＝小鳥（ことり）
- お＝小川の　ながれ

円 4画 円円円円

- えん＝百円　円形（えんけい）
- まるい＝円く　わに　なる

できたよ!

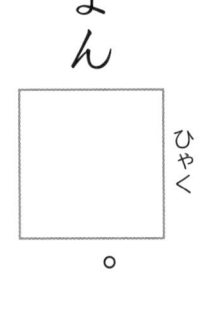

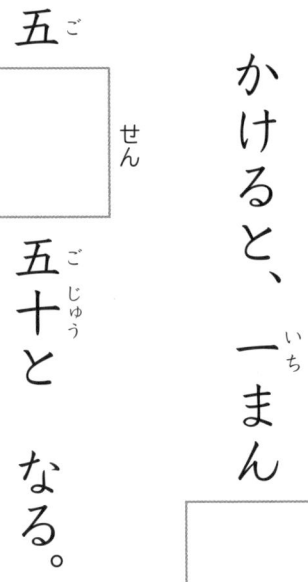

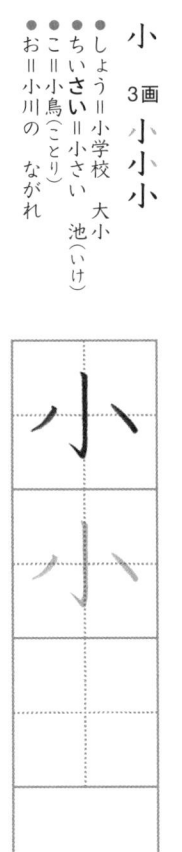

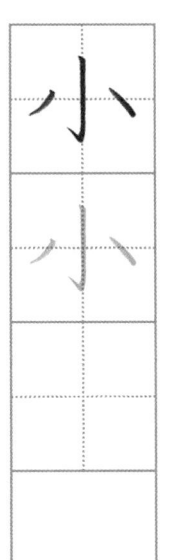

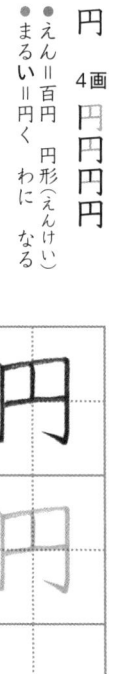

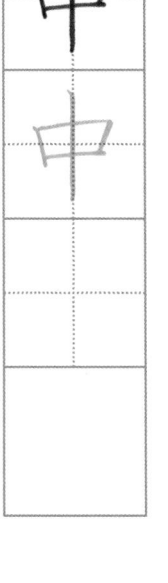

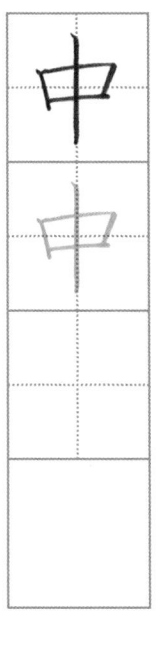

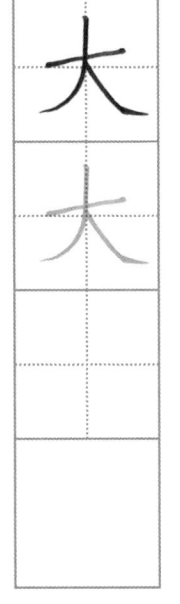

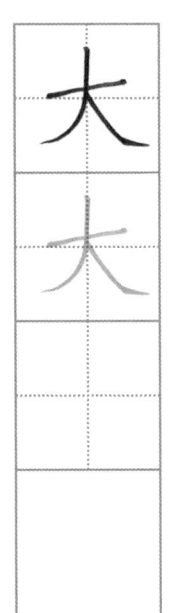

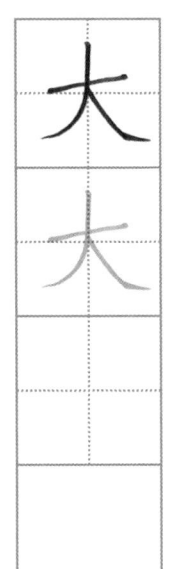

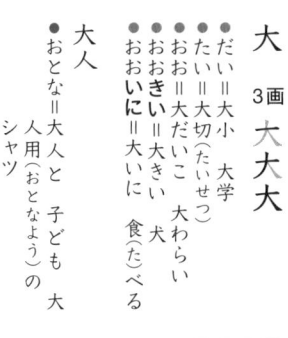

月　4画　月月月月
●げつ＝今月(こんげつ)
●がつ＝一月　正月(しょうがつ)
●つき＝月の　光(ひかり)

火　4画　火火火火
●か＝火山(かざん)　火事(かじ)
●ひ＝火を　けす

水　4画　水水水水
●すい＝水中　水分(すいぶん)
●みず＝水を　のむ

木　4画　木木木木
●ぼく＝大木
●もく＝木曜日(もくようび)
●き＝木を　うえる
●こ＝木かげ　木の葉(は)

国《こく》さい天文学《てんもんがく》れん合《ごう》の　ていぎに　よると、太《たい》ようけいの

わく星《せい》は、□《すい》星《せい》、□《きん》星《せい》、地《ち》きゅう、□《か》星《せい》、

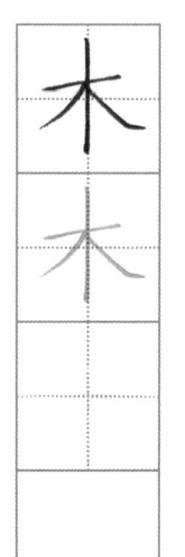

□《もく》星《せい》、□《ど》星《せい》、天王星《てんのうせい》、海王星《かいおうせい》の　八天体《はちてんたい》。めい王《おう》星《せい》は　じゅんわく星《せい》で　ある。

金　8画　金金金金金金金金
●きん＝金曜日(きんようび)
●こん＝黄金(おうごん)
●かね＝金を　はらう
●かな＝金づち　金具(かなぐ)

土　3画　土土土
●ど＝土手　土曜日(どようび)
●と＝土地(とち)
●つち＝土を　ほる

日　4画　日日日日
●にち＝十五日　日光(にっこう)
●じつ＝休日(きゅうじつ)　当日(とうじつ)
●ひ＝日の出　こどもの　日
●か＝五日　六日　七日
明日
●あす＝明日は　テストだ　今日(きょう)と　明日
今日
●きょう＝今日は　水曜日(すいようび)だ
一日
●ついたち＝四月一日
二十日
●はつか＝二月二十日　二十日間(はつかかん)
二日
●ふつか＝三月二日　二日かかる

休　6画　休休休休休休
●きゅう＝休日(きゅうじつ)
●やす**む**＝学校を　休む
●やす**まる**＝心(こころ)が　休まる
●やす**める**＝体(からだ)を　休める

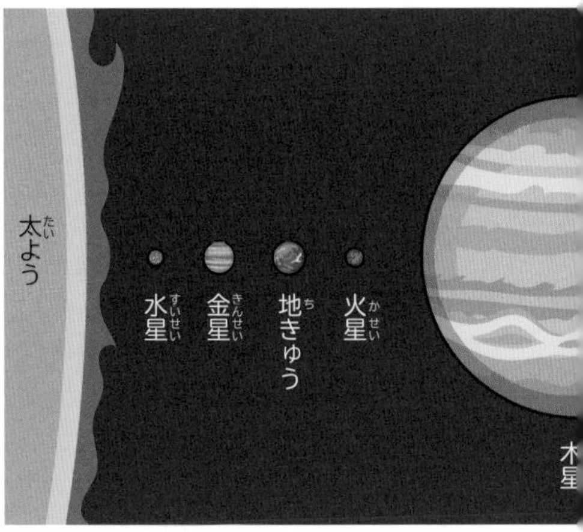

※太陽系惑星を順に並べたイメージ。
大きさはおおよその比率で縮尺。
距離は実際の比率と無関係。

できたよ!

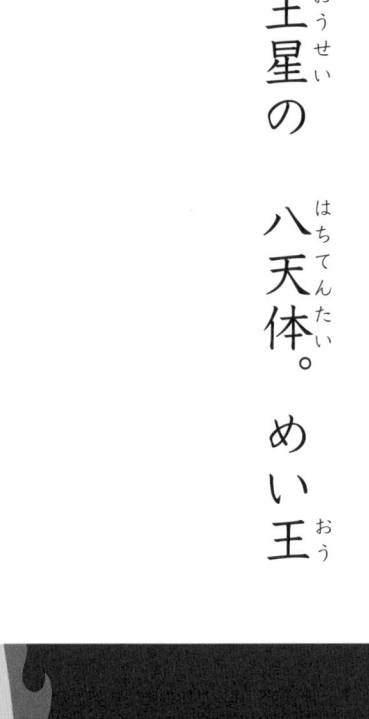

上 3画 上上上
- じょう＝上下 上空（じょうくう）
- うえ＝つくえの 上
- うわ＝上ぐつ 上着（うわぎ）
- かみ＝川上と 川下（かわしも）
- あ**げる**＝たなに 上げる
- あ**がる**＝ねだんが 上がる
- のぼ**る**＝川を 上る

上手
- じょうず＝上手な 字 絵（え）が 上手だ

下 3画 下下下
- か＝地下（ちか）
- げ＝下水 下校 下車
- した＝下を むく
- しも＝川上（かわかみ）と 川下
- さ**げる**＝おんどを 下げる
- さ**がる**＝ねつが 下がる
- くだ**る**＝山を 下る
- くだ**す**＝のみ下す
- くだ**さる**＝先生が 本を 下さった
- お**ろす**＝手を 下ろす
- お**りる**＝かいだんを 下りる

下手
- へた＝下手な 歌（うた） しばいが 下手だ

左 5画 左左左左左
- さ＝左右（さゆう） 左折（させつ）
- ひだり＝左手 左足 右左

右 5画 右右右右右
- う＝右折（うせつ）
- ゆう＝左右（さゆう）
- みぎ＝右手 右耳 右がわ

地《ち》きゅうの ことを まったく 知《し》らない うちゅう人《じん》に、
「□《みぎ》」と「□《ひだり》」とは 何《なに》かを せつ明《めい》するのは、

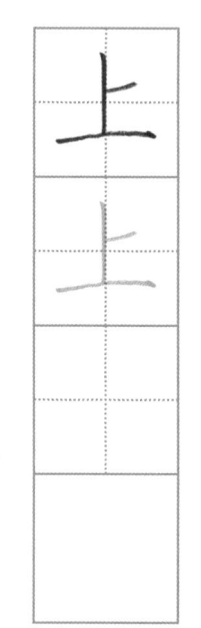

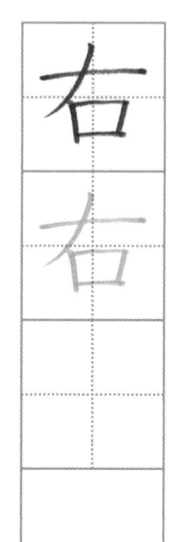

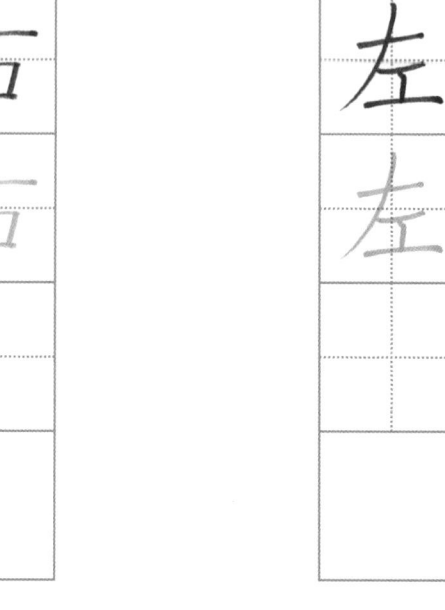

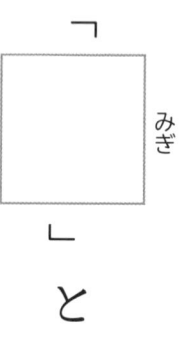

「オズマもんだい」と　よばれる　ゆう□《めい》な　なんもんで　ある。

女　3画　女女女
●じょ＝女子　女王　男女
●おんな＝女の子

女　女

男　7画　男男男男男男男
●だん＝男子　男女
●なん＝長男（ちょうなん）
●おとこ＝男の子　大男

男　男

名　6画　名名名名名名
●めい＝名人　国名（こくめい）
●みょう＝名字　本名
●な＝花の　名　名前（なまえ）

名　名

立　5画　立立立立立
●りつ＝町立（ちょうりつ）　立体
（りったい）
●たつ＝まっすぐ　立つ
たてる＝はたを　立てる

立　立

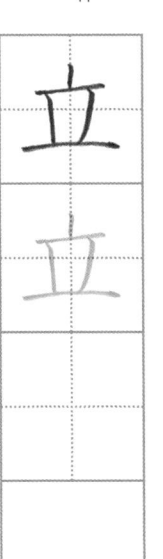

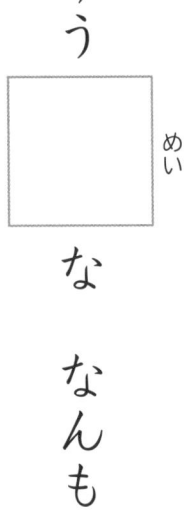

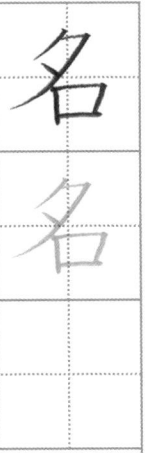

川 3画 川川川
●かわ＝川が ながれる
川原
●かわら＝川原に テントを はる

山 3画 山山山
●さん＝山林（さんりん） 下山
●やま＝山に のぼる

空 8画 空空空空空空空空
●くう＝空気 空中
●そら＝空が 晴（は）れる 青空
●あく＝せきが 空く
●あける＝家（いえ）を 空ける
●から＝空の はこ

気 6画 気気気気気気
●き＝気を つける 気もち
●け＝火の気 水気

日本《にほん》の しょうちょうの ていぎでは、じゅ木《もく》の みっしゅう地《ち》の うち、しぜんに できた ものを「□《もり》」、

森《もり》

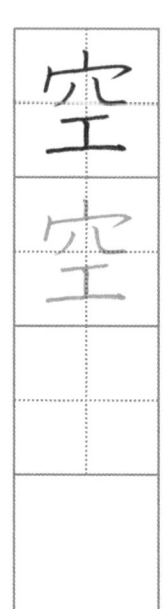

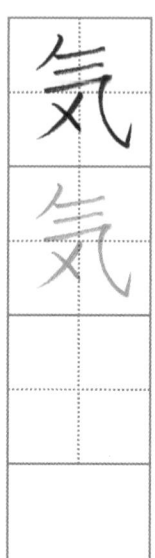

人工《じんこう》てきに　作《つく》られた　ものを「□《はやし》」として　いるが、ていぎ通《どお》りで　ない　地名《ちめい》は　たくさん　ある。

林《はやし》

天　4画　天天天天
●てん＝天気　天国（てんごく）
●あま＝天の川

田　5画　田田田田田
●でん＝水田　田園（でんえん）
●た＝田うえを　する

林　8画　林林林林林林林林
●りん＝林間学校（りんかんがっこう）　森林（しんりん）
●はやし＝林や　森

森　12画　森森森森森森
●しん＝森林（しんりん）
●もり＝ふかい　森

できたよ！

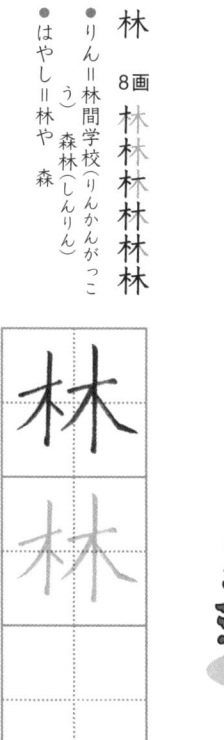

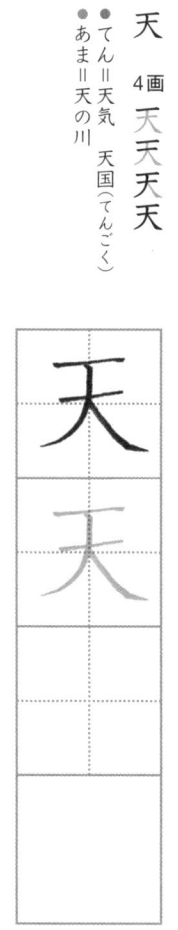

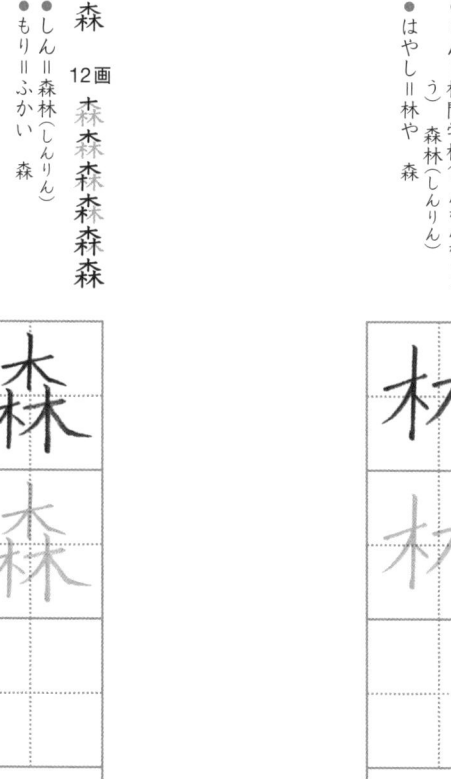

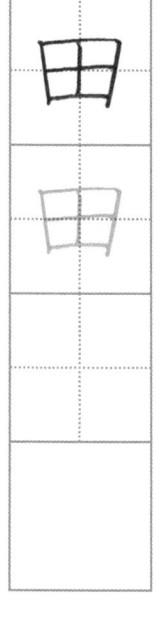

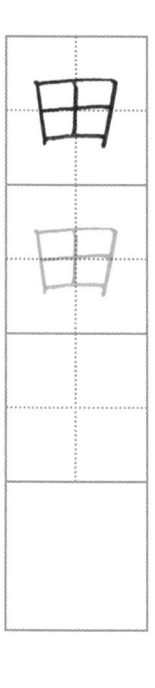

雨 8画 雨雨雨雨雨雨雨雨
●う＝雨天
●あめ＝雨が やむ
●あま＝雨雲（あまぐも）

雨 雨

花 7画 花花花花花花花
●か＝花びん
●はな＝花火　花ばたけ

花 花

草 9画 草草草草草草草草草
●そう＝草原（そうげん）
●くさ＝草が 生える　草花

草 草

竹 6画 竹竹竹竹竹竹
●ちく＝竹林（ちくりん）
●たけ＝竹やぶ　竹ざお

竹 竹

□（たけ）は イネ科《か》の しょくぶつだ。せい長《ちょう》が とても 早《はや》く、一日《いちにち》に 一《いち》メートルい上《じょう》 のびる ときも ある。

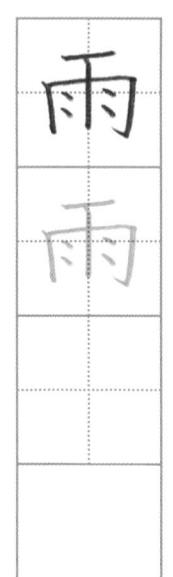

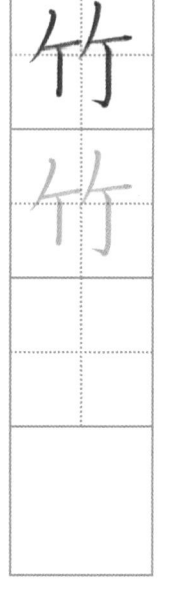

□《はな》は、なんと、およそ　百二十年《ひゃくにじゅうねん》に　一《いち》どしか　さかないと　いわれる（マダケと　いう　しゅるい）。

犬　4画　犬犬犬犬
●けん＝名犬（めいけん）　番犬（ばんけん）
●いぬ＝犬が　ほえる

犬　犬

貝　7画　貝貝貝貝貝貝貝
●かい＝貝がら

貝　貝

虫　6画　虫虫虫虫虫虫
●ちゅう＝こん虫　よう虫
●むし＝虫が　鳴（な）く

虫　虫

石　5画　石石石石石
●せき＝石油（せきゆ）
●しゃく＝磁石（じしゃく）
●いし＝石ころ　小石

石　石

できたよ！

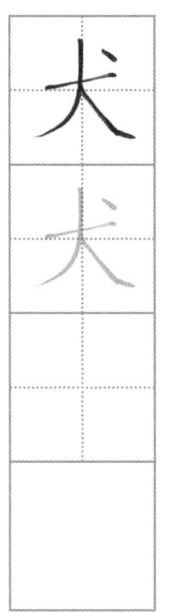

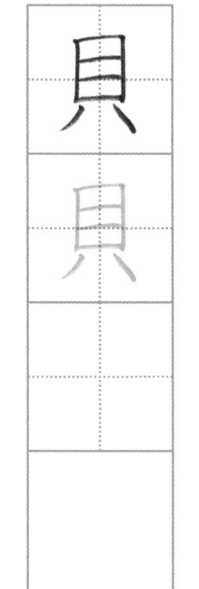

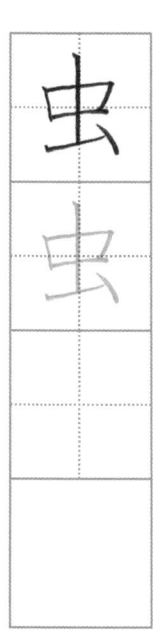

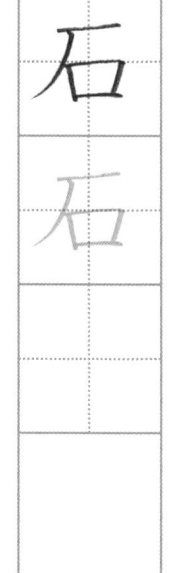

入 2画 入入

- にゅう＝入学 入金
- いる＝入り口 気に 入る
- いれる＝水を 入れる
- はいる＝店（みせ）に 入る

出 5画 出出出出出

- しゅつ＝出発（しゅっぱつ）
- でる＝月が 出る
- だす＝声（こえ）を 出す

早 6画 早早早早早早

- そう＝早朝（そうちょう）
- はやい＝朝（あさ）早く 出かける
- はやまる＝三日 早まる
- はやめる＝三十分（さんじっぷん） 早める

夕 3画 夕夕夕

- ゆう＝夕日 夕立（ゆうだち）

ひくい いちの 太《たい》ようの 光《ひかり》は、あつい 大気《たいき》の そうを 通《とお》る ことに なる。そのとき、□《あお》 けいの 光《ひかり》は

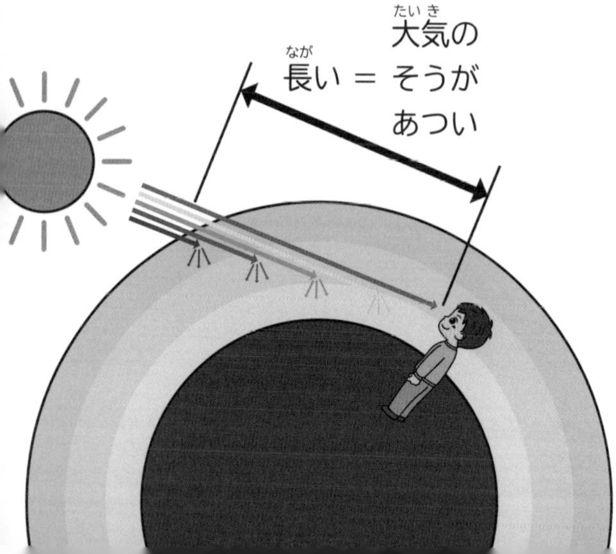

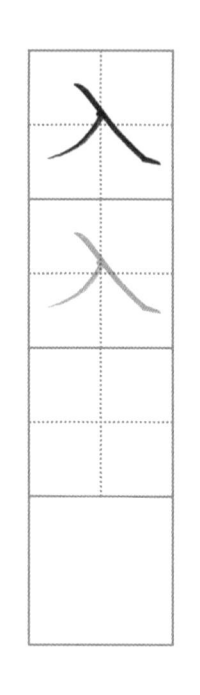

とちゅうで　ちらばって　しまうが、□《あか》けいの　光《ひかり》は

ちらばらずに　とどく。これが、□《ゆう》やけの　正体《しょうたい》だ。

白　5画　白白白白白

- はく＝白紙（はくし）
- しろ＝白組（しろぐみ）
- しら＝空が　白む　白雪（しらゆき）
- しろい＝白い　花

白　白

青　8画　青青青青青青青青

- せい＝青年
- あお＝青空　青虫
- あおい＝青い　海（うみ）

青　青

赤　7画　赤赤赤赤赤赤赤

- せき＝赤道（せきどう）
- あか＝赤えんぴつ
- あかい＝赤い　くつ
- あからむ＝空が　赤らむ
- あからめる＝顔（かお）を　赤らめる

赤　赤

糸　6画　糸糸糸糸糸糸

- し＝綿糸（めんし）
- いと＝白い　糸　毛糸（けいと）

糸　糸

できたよ！

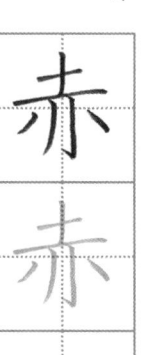

5 一年生《いちねんせい》で 学《まな》ぶ かん字《じ》

人 2画 人人
●じん＝人物（じんぶつ） 日本人
●にん＝人気 三人
●ひと＝人が 歩（ある）く
大人
●おとな＝大人と 子ども 大人用（おとなよう）の シャツ
一人
●ひとり＝一人の 男 一人だけ 来（こ）ない
二人
●ふたり＝二人で 行（い）く 二人は なかよしだ

口 3画 口口口
●こう＝人口 火口
●く＝口調（くちょう）
●くち＝早口 口を ひらく

目 5画 目目目目目
●もく＝目次（もくじ） 名目（めいもく）
●め＝目で 見る 二番目（にばんめ）

見 7画 見見見見見見見
●けん＝見学 発見（はっけん）
●みる＝絵（え）を 見る
●みえる＝山が 見える
●みせる＝本を 見せる

「□《め》は □《くち》ほどに ものを 言《い》う」と いう ことわざが ある。□《め》つきは、話《はな》すのと 同《おな》じぐらい

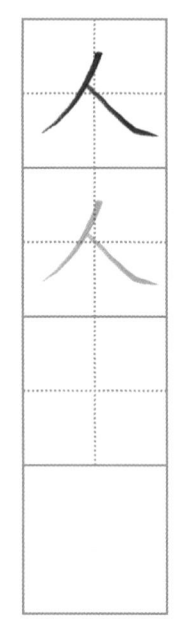

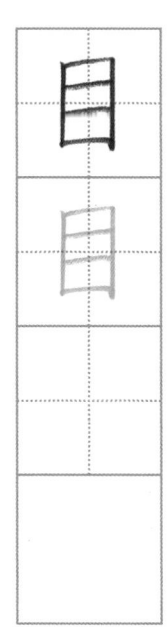

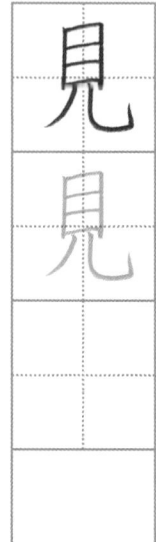

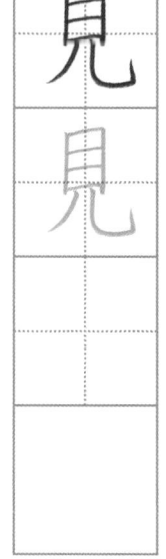

気《き》もちを　つたえる　ものだと　いう　いみだが、科学《かがく》て
きに　分《ぶん》せきするのは　かなり　こんなんらしい。

音　9画　音音音音音音音音音
●おん＝音楽（おんがく）
●おと＝音が　聞（き）こえる
●ね＝虫の　音

耳　6画　耳耳耳耳耳耳
●みみ＝耳を　すます

手　4画　手手手手
●しゅ＝歌手（かしゅ）
●て＝手を　あげる　手本
上手
●じょうず＝上手な　字　絵（え）が　上手だ
下手
●へた＝下手な　歌（うた）　しばいが　下手だ

足　7画　足足足足足足足
●そく＝土足　遠足（えんそく）
●あし＝足首（あしくび）　かけ足
●たりる＝百円　あれば　足りる
●たる＝十人足らずの　人
●たす＝しおを　足す　足し算（ざん）

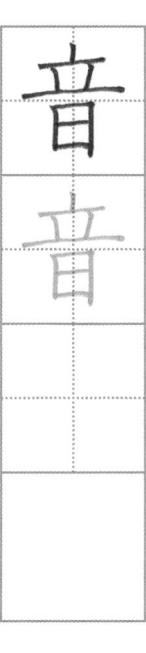

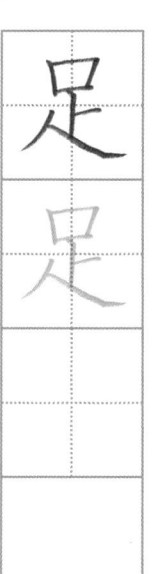

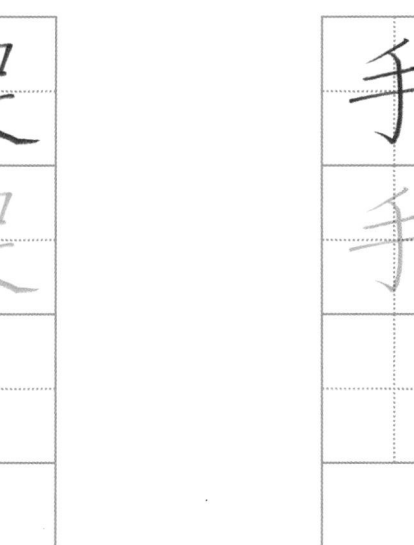

5 一年生《いちねんせい》で　学《まな》ぶ　かん字《じ》

学　8画　学学学学学学学学
- がく＝学校　見学（けんがく）　入学
- まなぶ＝先生に　学ぶ

校　10画　校校校校校校校校校校
- こう＝下校　校門（こうもん）

先　6画　先先先先先先
- せん＝先生　先週（せんしゅう）
- さき＝先に　行（い）く

生　5画　生生生生生
- せい＝生活（せいかつ）　一年生
- しょう＝人の　一生
- **いきる**＝生きもの
- い**かす**＝よさを　生かす
- い**ける**＝花を　生ける
- う**まれる**＝赤ちゃんが　生まれる
- う**む**＝作品（さくひん）を　生む
- は**える**＝草が　生える
- は**やす**＝ひげを　生やす
- なま＝生魚（なまざかな）

□《がっ》□《こう》で　おなじみの　あの　かねの　音《ね》は、音楽《おんがく》の　□《せん》□《せい》でも　あった、フランスの　ルイ・ヴィ

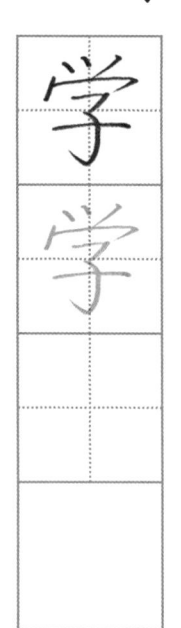

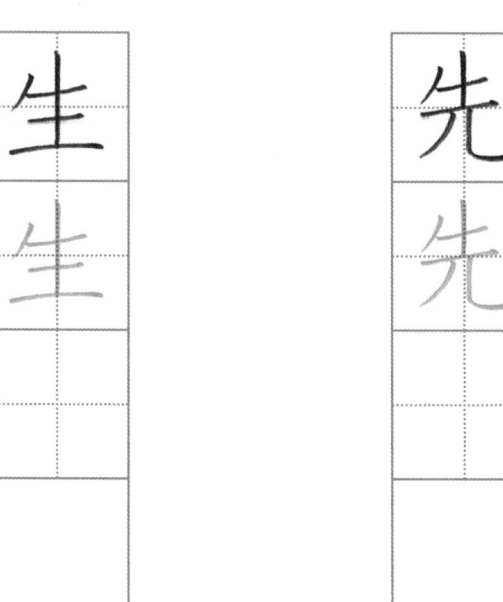

エルヌが　作《つく》った　『ウェストミンスター・チャイム』と
いう　きょくだ。イギリスの　ビッグ・ベンも　かなでる。

本　5画　本本本本本
●ほん＝本を　読(よ)む　本気
●もと＝大本から　考(かんが)え直(なお)す

文　4画　文文文文
●ぶん＝文を　書(か)く
●もん＝文字(もんじ・もじ)

字　6画　字字字字字字
●じ＝かん字　字形(じけい)

年　6画　年年年年年年
●ねん＝一年　来年(らいねん)
●とし＝新(あたら)しい　年
今年
●ことし＝今年の　夏(なつ)

できたよ!

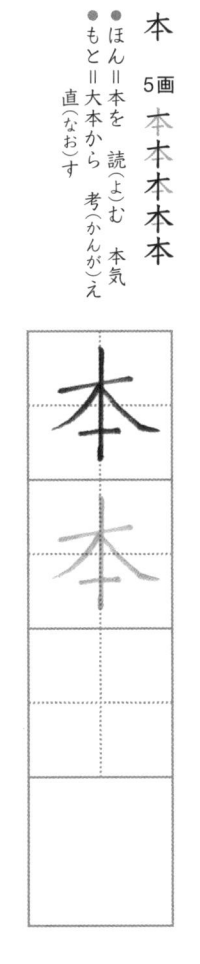

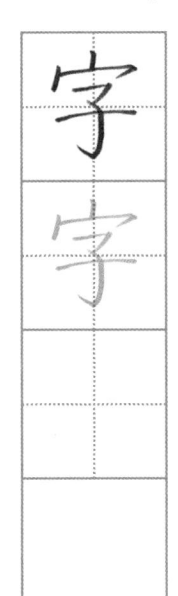

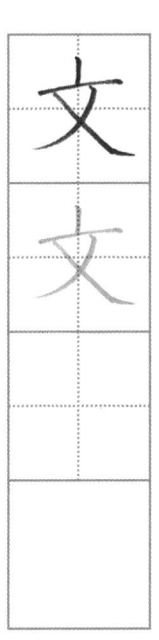

王 4画 王王王王
●おう＝王さま　女王

玉 5画 玉玉玉玉玉
●ぎょく＝玉石（ぎょくせき）
●たま＝水玉　目玉　百円玉

子 3画 子子子
●し＝男子と　女子
●す＝様子（ようす）
●こ＝子ども　親子（おやこ）

正 5画 正正正正正
●せい＝正式（せいしき）
●しょう＝正月　正直（しょうじき）
●ただしい＝正しい　こと
●ただす＝まちがいを　正す
●まさ＝正に　その　とおりだ

□《むら》が　□《まち》に　なる　には、その　□《むら》の　ある

と道《どう》ふけんが　きめた、人口《じんこう》や　家《いえ》が　つらなって　いる

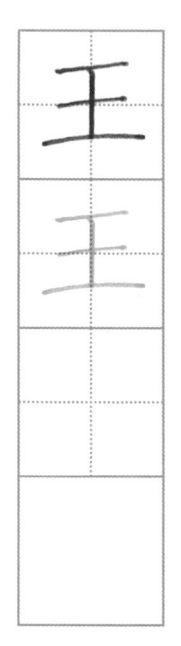

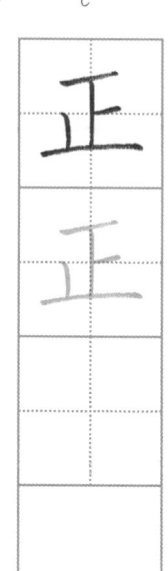

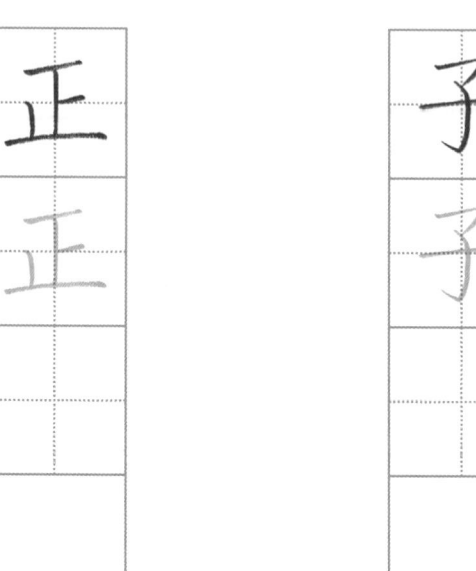

わり合《あい》などの　ようけんを　みたす　ひつようが　ある。
人口《じんこう》に　ついては、五千人《ごせんにん》い上《じょう》と　する　ことが　多《おお》い。

村　7画　村村村村村村村
●そん＝市町村（しちょうそん）
●むら＝となり村　村まつり

村

町　7画　町町町町町町町
●ちょう＝町立（ちょうりつ）
●まち＝町なみ

町

力　2画　力力
●りょく＝気力　体力（たいりょく）
●りき＝自力（じりき）　力走（りきそう）
●ちから＝力を　出す

力

車　7画　車車車車車車車
●しゃ＝電車（でんしゃ）
●くるま＝車に　のる

車

できたよ!

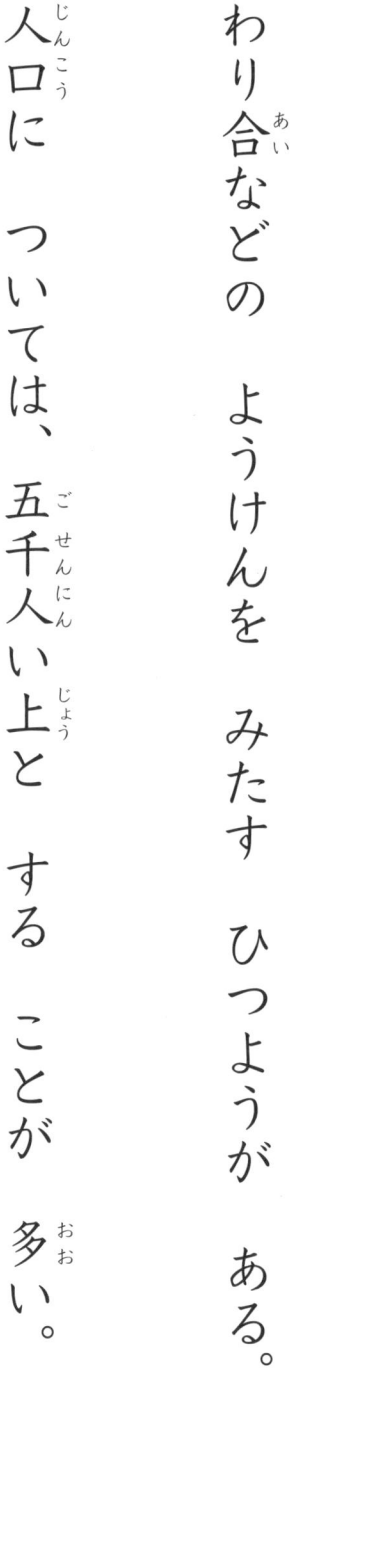

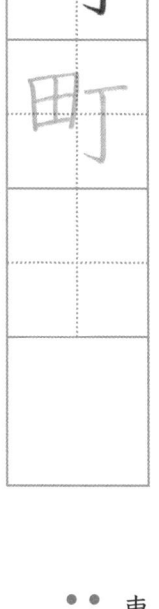

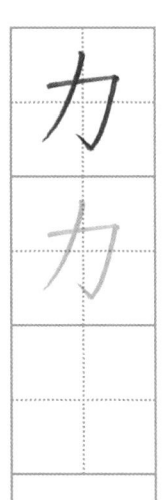

日記《にっき》を　書《か》いて　みよう

日よう日は学校がお休みです。

先しゅうの日よう日に、わたしは

先週《せんしゅう》の日曜日《にちようび》の出来《でき》ごとや思《おも》い出《で》を書《か》いてみよう。

6

二年生《にねんせい》で学《まな》ぶかん字《じ》

朝　12画　朝朝朝朝朝朝
●ちょう＝朝食(ちょうしょく)　早朝(そうちょう)
●あさ＝朝日　毎朝(まいあさ)
今朝
●けさ＝今朝は　早く　おきた　今朝の　ニュース

朝　朝

昼　9画　昼昼昼昼昼昼
●ちゅう＝昼食(ちゅうしょく)　一昼夜(いっちゅうや)
●ひる＝昼間(ひるま)　昼休み　昼すぎ

昼　昼

夜　8画　夜夜夜夜夜夜
●や＝今夜(こんや)　夜間(やかん)　十五夜
●よ＝夜中　夜空　夜ふけ　月夜
●よる＝昼(ひる)と　夜　夜に　なる

夜　夜

午　4画　午午午午
●ご＝午前(ごぜん)　午後(ごご)　正午(しょうご)
※十二しでは、「うま」と　読む。

午　午

むかしは、一日《いちにち》を　二《に》□《じ》□《かん》ずつに　分《わ》け、十二《じゅうに》しを　当《あ》てはめて　□《じ》こくを　あらわした。□《ひる》の

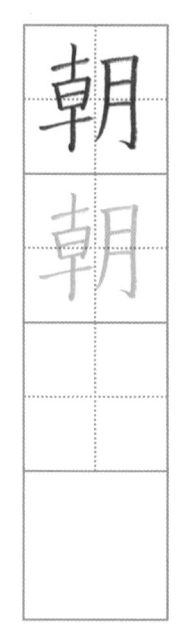

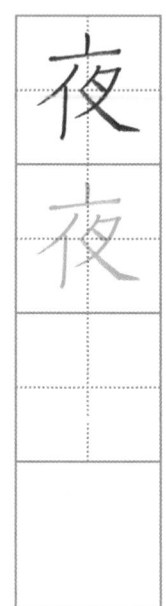

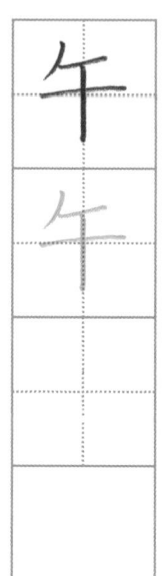

十二時《じゅうにじ》は「午《うま》」の□《じ》□《かん》。だから、それより□《まえ》は「□《ご》□《ぜん》」、□《あと》は「□《ご》□《ご》」。

前　9画

●ぜん＝前半(ぜんはん)　前回(ぜんかい)　前日(ぜんじつ)

●まえ＝家(いえ)の　前　一年前　手前

後　9画

●ご＝五分後(ごふんご)　前後(ぜんご)

●こう＝後半(こうはん)　後方(こうほう)

●のち＝晴(は)れ　後　くもり　後ほど

●うしろ＝後ろの　人　後ろ前(まえ)

●あと＝後から　来(く)る　後回(あとまわ)し

時　10画　時時時時時時

●じ＝午後(ごご)二時　時代(じだい)

●とき＝長(なが)い　時が　たつ　時計

●とけい＝時計を　見る　うで時計

間　12画　間間間間間間

●かん＝時間(じかん)　一週間(いっしゅうかん)

●けん＝人間(にんげん)　世間(せけん)

●あいだ＝人と　人の　間

●ま＝休む　間も　ない

できたよ!

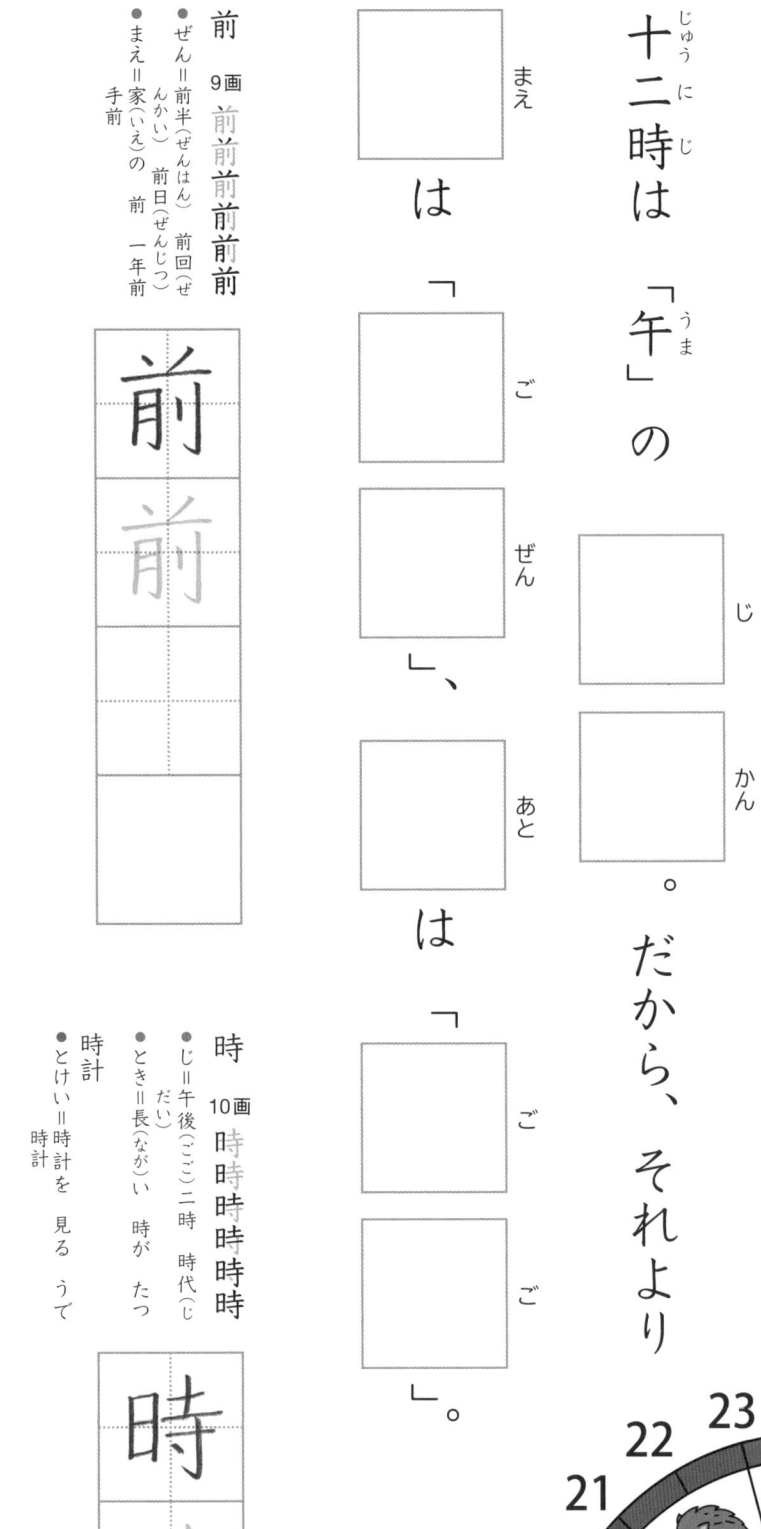

何　7画　何何何何何何何
●なに＝何を　食(た)べようか
●なん＝何の　花だろう　何人

何 何

分　4画　分分分分
●ぶん＝気分　水分　五人分
●ふん＝三時(さんじ)五分　二分間(にふんかん)
●ぶ＝力の　強(つよ)さは　五分五分だ
●わける＝三人で　分ける　分け目　山分け
●わかれる＝道(みち)が　二つに　分かれる
●わかる＝答(こた)えが　分かる
●わかつ＝よろこびを　分かち合(あ)う

分 分

半　5画　半半半半半
●はん＝半分(はんぶん)　半年(はんとし)　半紙(はんし)　大半
●なかば＝四月の　半ばごろ

半 半

今　4画　今今今今
●こん＝今週(こんしゅう)　今月　今回(こんかい)
●いま＝今　すぐ　行(い)く　今さら
今日
●きょう＝今日は　水曜日(すいようび)だ
今朝
●けさ＝今朝は　早く　おきた　今朝の　ニュース
今年
●ことし＝今年の　夏(なつ)

今 今

□《まい》年《とし》、月《つき》と 日《ひ》が 同《おな》じ ぐう数《すう》（ゾロ目《め》）に なる

日《ひ》は、二月二日《にがつふつか》い外《がい》は 同《おな》じ □《よう》日《び》に なる。ところ

今日《きょう》・明日《あす》・明後日《あさって》

今週《こんしゅう》・来週《らいしゅう》・再来週《さらいしゅう》

今月《こんげつ》・来月《らいげつ》・再来月《さらいげつ》

今年《ことし》・来年《らいねん》・再来年《さらいねん》

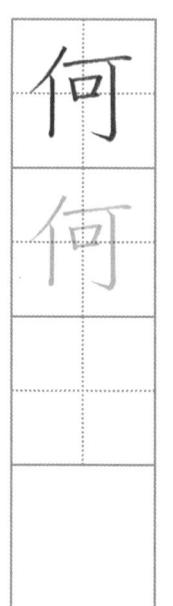

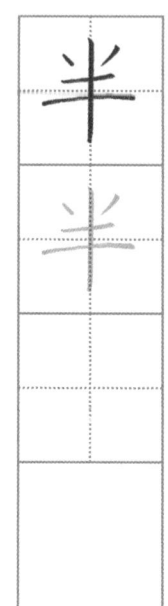

で、□《こん》□《しゅう》の 次《つぎ》は 来《らい》□《しゅう》、その次《つぎ》は さ来《らい》□《しゅう》だが、その 次《つぎ》は 何《なん》と 言《い》うか。三《さん》□《しゅう》後《ご》だ。

一昨日《おととい》・昨日《きのう》・

先々週《せんせんしゅう》・先週《せんしゅう》・

先々月《せんせんげつ》・先月《せんげつ》・

一昨年《おととし》・去年《きょねん》・

週　11画

●しゅう＝読書週間（どくしょしゅうかん）　来週（らいしゅう）

毎　6画　毎毎毎毎毎毎

●まい＝毎年（まいとし）　毎月　毎週（まいしゅう）　毎日

曜　18画

●よう＝月曜日　日曜日

回　6画

●かい＝回数（かいすう）　回転（かいてん）　二回

●まわる＝目が　回る　見回り

●まわす＝こまを　回す

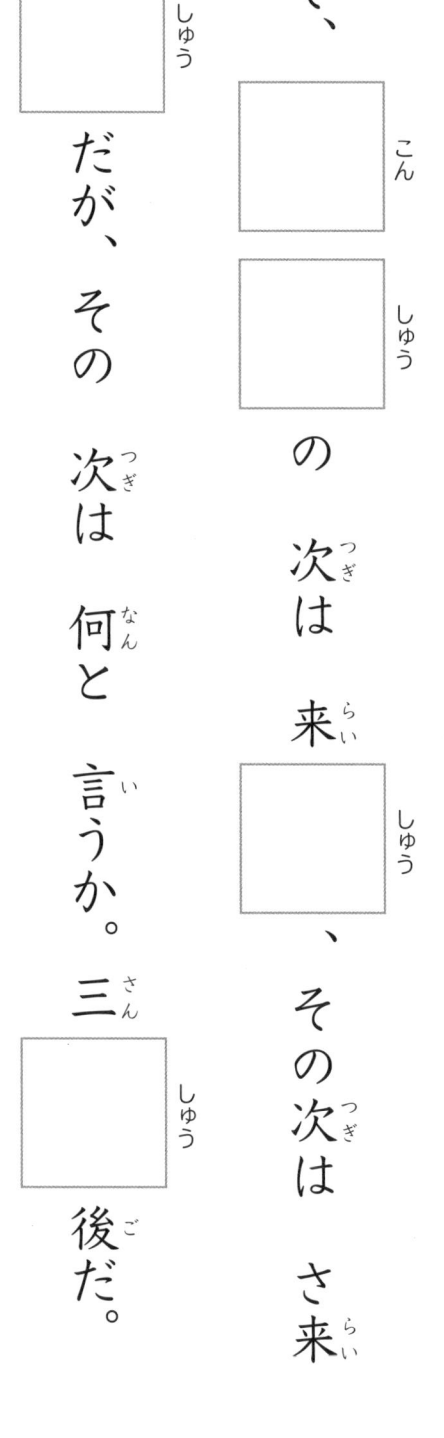

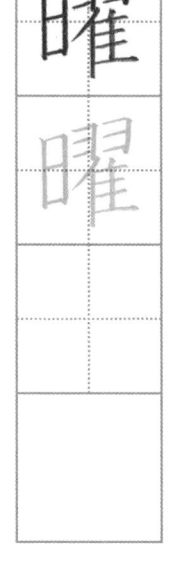

東 8画 東東東東東東東東

● とう＝東北地方（とうほくちほう） 東西南北（とうざいなんぼく）
● ひがし＝東の 空に 日が のぼる

東 東

西 6画 西西西西西西

● せい＝西部（せいぶ） 北西（ほくせい）
● さい＝西国（さいごく） 東西（とうざい）
● にし＝西の 方角（ほうがく） 西日

西 西

南 9画 南南南南南南南南南

● なん＝南北（なんぼく） 南国（なんごく）
● みなみ＝南を むく 南風（みなみかぜ）

南 南

北 5画 北北北北北

● ほく＝東西南北（とうざいなんぼく） 北上
● きた＝北風（きたかぜ） 北国（きたぐに）

北 北

日本《にほん》が ある □《きた》 半《はん》きゅうが □《なつ》 の とき、

オーストラリアの ある □《みなみ》 半《はん》きゅうは □《ふゆ》 だ。

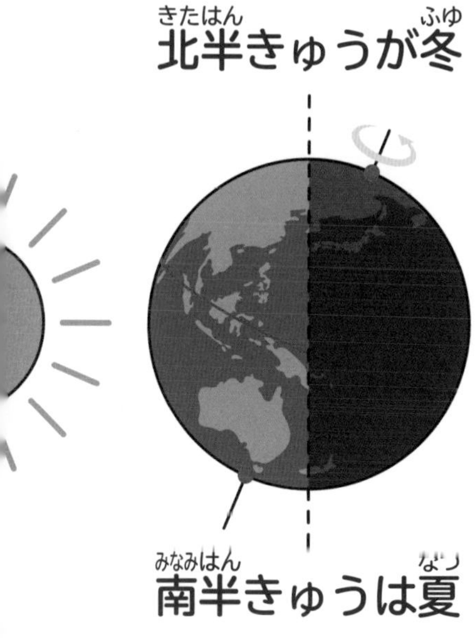

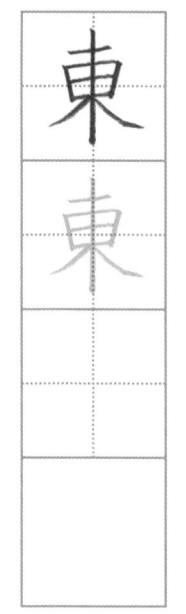

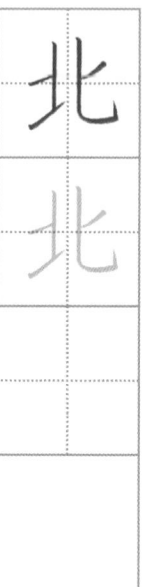

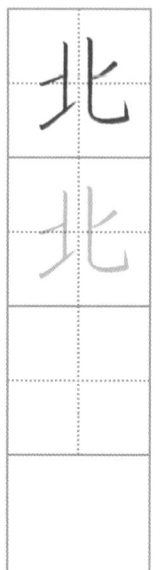

まん中《なか》（赤道《せきどう》）に　ある　ところは、昼《ひる》と　夜《よる》の　長《なが》さが　一年中《いちねんじゅう》　同《おな》じで、きせつの　へんかは　ほとんど　ない。

北半《きたはん》きゅうが夏《なつ》

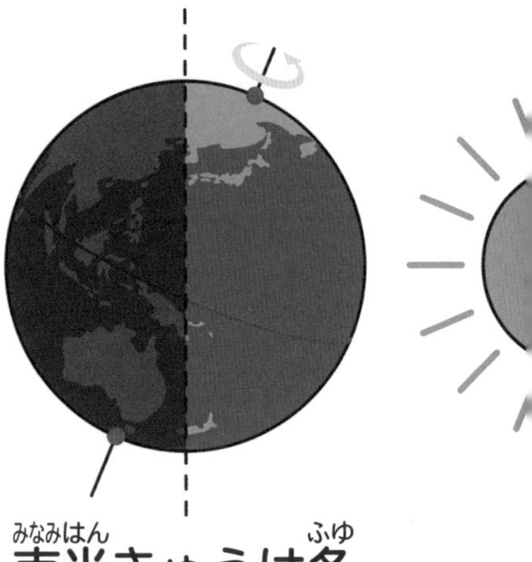

南半《みなみはん》きゅうは冬《ふゆ》

春　9画　春春春春春春春春春
●しゅん＝春分（しゅんぶん）の日　新春（しんしゅん）
●はる＝春休み　春風（はるかぜ）

春

夏　10画　夏夏夏夏夏夏夏夏夏夏
●か＝春夏秋冬（しゅんかしゅうとう）　初夏（しょか）
●なつ＝夏休み　あつい　夏

夏

秋　9画　秋秋秋秋秋秋秋秋秋
●しゅう＝春夏秋冬（しゅんかしゅうとう）　秋分（しゅうぶん）の日
●あき＝秋風（あきかぜ）　秋晴（あきば）れ　秋口

秋

冬　5画　冬冬冬冬冬
●とう＝春夏秋冬（しゅんかしゅうとう）　冬みん
●ふゆ＝冬休み　冬ごもり　冬山

冬

できたよ!

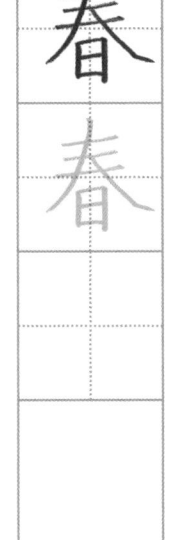

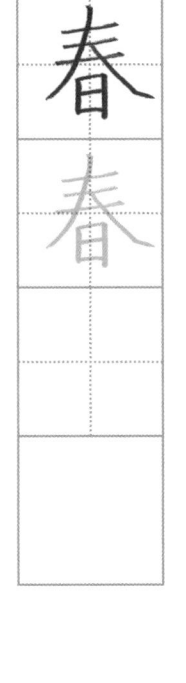

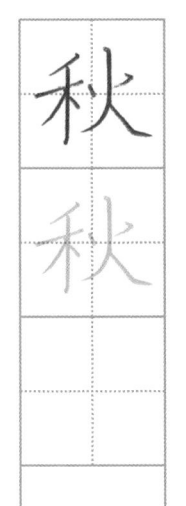

地　6画　地地地地地地
- ち＝地図（ちず）　地下（ちか）　土地（とち）　大地
- じ＝地面（じめん）　下地

海　9画　海海海海海海海海海
- かい＝海水　海草（かいそう）
- うみ＝青い　海

方　4画　方方方方
- ほう＝方角（ほうがく）　地方（ちほう）
- かた＝読（よ）み方　夕方（ゆうがた）

角　7画　角角角角角角角
- かく＝三角　角度（かくど）
- かど＝つくえの　角　四つ角
- つの＝牛（うし）の　角

□（ち）きゅうは　西《にし》から　東《ひがし》へ（北《きた》の　ま上《うえ》から　見《み》て、はん時計回《とけいまわ》りに）自《じ》てんして　いるので、太《たい》ようは　東《ひがし》の

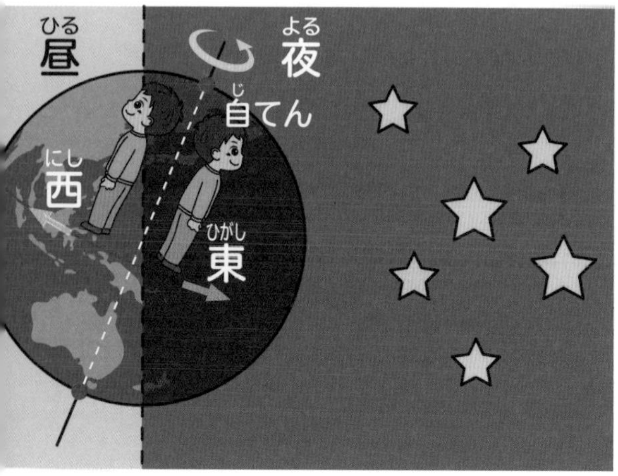

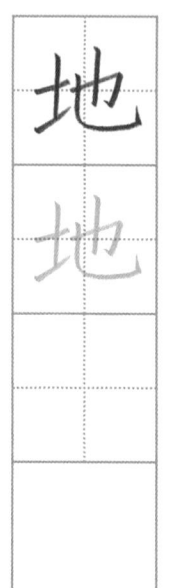

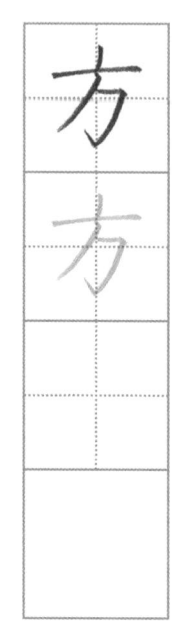

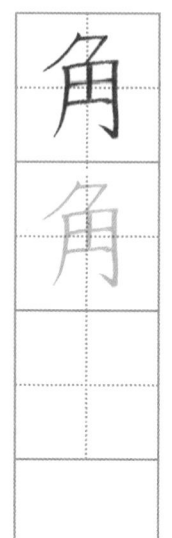

□□《ほうがく》から あらわれ、西《にし》の □□《ほうがく》へ
しずんで ゆく。
□《ほし》も 東《ひがし》から 西《にし》へと うごく。

光 6画 光光光光光光

●こう＝光線(こうせん) 日光
●ひかる＝星(ほし)が 光る
ひかり＝光が 当(あ)たる

光 光

明 8画 明明明明明明明明

●めい＝発明(はつめい)
●みょう＝明日(みょうにち) 明後日(みょうごにち)
●あかり＝明かりを つける
●あかるい＝明るい 色(いろ)
●あかるむ＝心(こころ)が 明るむ
●あからむ＝空が 明らむ
●あきらか＝明らかな あやまり
●あける＝夜(よ)が 明ける 夜明(よあ)け
●あく＝らちが 明かない
●あくる＝明くる 日
●あかす＝夜(よる)を 明かす

明日
●あす＝明日は テストだ 今日(きょう)と 明日

明 明

星 9画 星星星星星星星星星

●せい＝火星 わく星
●ほし＝星が 光(ひか)る 一番星(いちばんぼし)

星 星

元 4画 元元元元

●げん＝元気 元号(げんごう)
●がん＝元日(がんじつ) 元年
●もと＝元どおり 火の 元

元 元

できたよ!

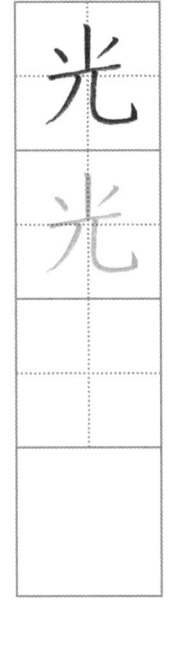

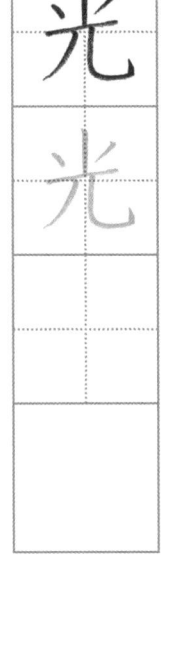

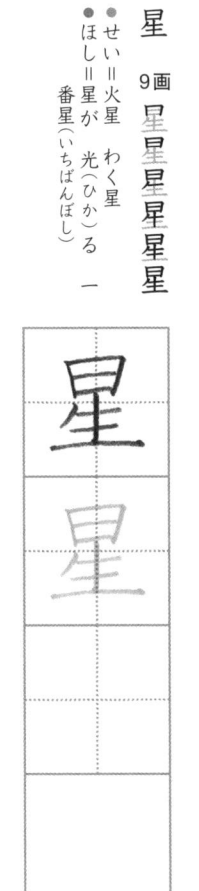

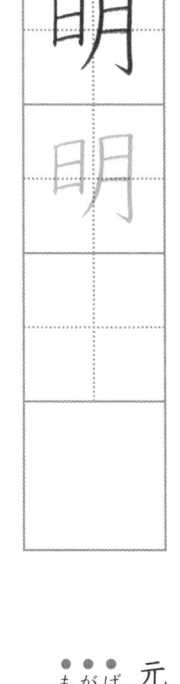

原　10画　原原原原原原
●げん＝草原（そうげん）
●はら＝原っぱ　野原（のはら）
川原
●かわら＝川原に　テントを　はる

原　原

岩　8画　岩岩岩岩岩岩
●がん＝岩石（がんせき）　よう岩
●いわ＝岩を　くだく　岩山

岩　岩

谷　7画　谷谷谷谷谷谷
●たに＝谷川　谷間（たにま）

谷　谷

池　6画　池池池池池池
●ち＝用水池（ようすいち）　電池（でんち）
●いけ＝池に　はまる　ため池

池　池

天気《てんき》よほうでは、空《そら》ぜん体《たい》の　うち □《くも》 の　りょうが
八《はち》わりい下《か》ならば、「□《は》れ」と　される。つまり、

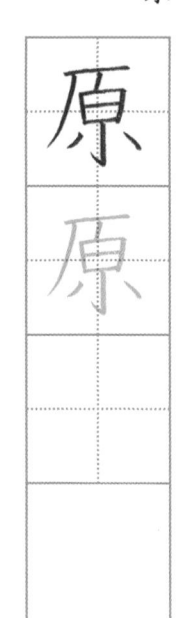

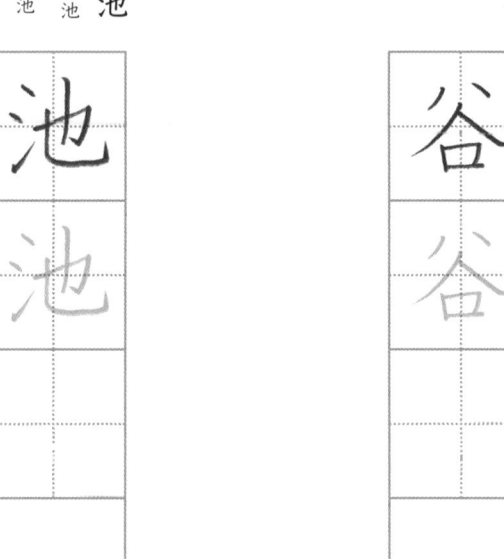

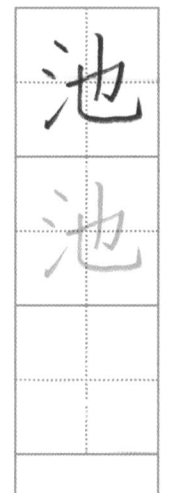

晴《は》れ？

□《くも》が　空《そら》ぜん体《たい》を　九《きゅう》わりい上《じょう》　おおわなければ、

「くもり」には　ならない。

晴　12画　晴晴晴晴晴晴

●せい＝晴天　晴雨（せいう）
●はれる＝空が　晴れる　晴れ間（ま）
●はらす＝うたがいを　晴らす

雲　12画　雲雲雲雲雲雲

●うん＝星雲（せいうん）　雲海（うんかい）
●くも＝雲に　おおわれた　空

雪　11画　雪雪雪雪雪雪

●せつ＝新雪（しんせつ）
●ゆき＝雪が　ふる　雪国（ゆきぐに）　雪どけ

風　9画　風風風風風風

●ふう＝風雨（ふうう）　風力（ふうりょく）　風土　新風（しんぷう）
●かぜ＝風が　ふく　そよ風
かざ＝風上（かざかみ）　風車

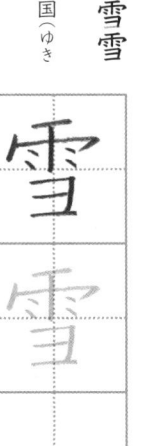

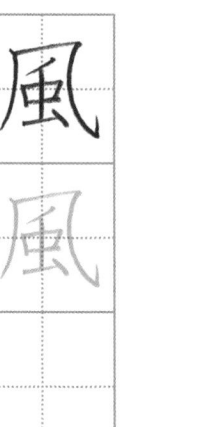

自 6画 自自自自自自

- じ＝自分(じぶん) 自力(じりき) 自立(じりつ)
- し＝自然(しぜん)
- みずから＝自らの 力で やりぬく

親 16画 親親親親親親

- しん＝親友(しんゆう) 親切(しんせつ)
- おや＝親子 親方(おやかた) 親ゆずり
- したしい＝親しい 友人(ゆうじん)
- したしむ＝読書(どくしょ)に 親しむ

父 4画 父父父父

- ふ＝父母(ふぼ) 神父(しんぷ)
- ちち＝父と 母(はは) 父親(ちちおや)
- とうさん＝田中さんの お父さん

母 5画 母母母母母

- ぼ＝父母(ふぼ) 母校 母国(ぼこく)
- はは＝母と 父(ちち) 母親(ははおや)
- かあさん＝山田さんの お母さん

□《ちち》 または □《はは》 の □《おや》 を「そ□《ふ》□《ぼ》」

と いう。おじいちゃん、おばあちゃんの ことだ。そ

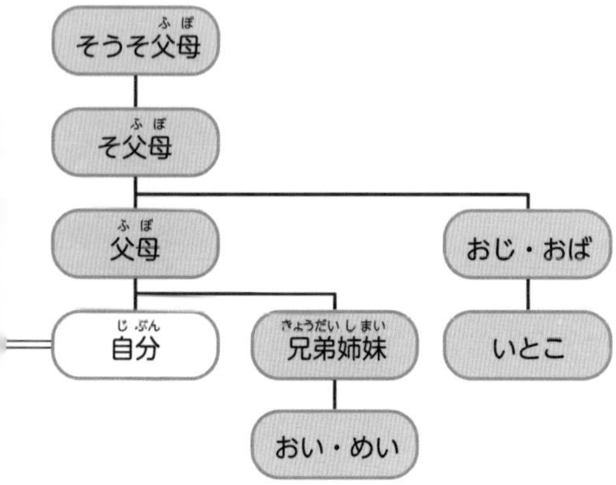

そうそ父母《ふぼ》
そ父母《ふぼ》
父母《ふぼ》
おじ・おば
自分《じぶん》
兄弟姉妹《きょうだいしまい》
いとこ
おい・めい

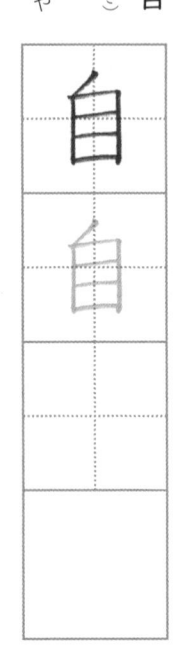

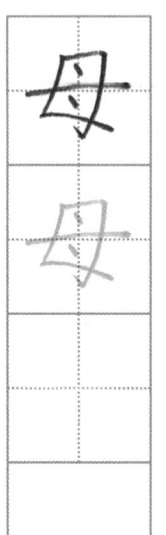

□《ふ》□《ぼ》の□《おや》を「そうそ□《ふ》□《ぼ》」という。ひいおじいちゃん、ひいおばあちゃんの　ことだ。

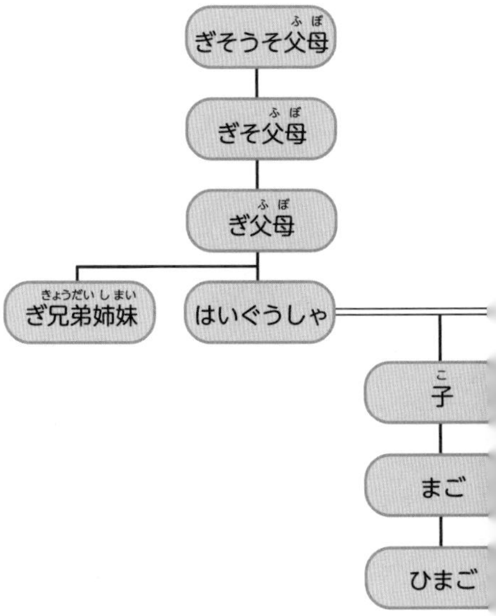

ぎそうそ父母《ふぼ》
ぎそ父母《ふぼ》
ぎ父母《ふぼ》
ぎ兄弟姉妹《きょうだいしまい》
はいぐうしゃ
子《こ》
まご
ひまご

姉　8画　姉姉姉姉姉姉姉姉
●あね＝姉と　兄（あに）
姉さん
●ねえさん＝林さんの　お姉さん

妹　8画　妹妹妹妹妹妹妹妹
●いもうと＝妹と　弟（おとうと）

兄　5画　兄兄兄兄兄
●きょう＝兄弟（きょうだい）
●あに＝兄と　姉（あね）
兄さん
●にいさん＝森さんの　お兄さん

弟　7画　弟弟弟弟弟弟弟
●だい＝兄弟（きょうだい）
●おとうと＝弟と　妹（いもうと）

できたよ！

6 二年生《にねんせい》で 学《まな》ぶ かん字《じ》

心 4画 心心心心
●しん＝心配（しんぱい） 中心
●こころ＝心が 広（ひろ）い 心がまえ 心がけ

体 7画 体体体体体体体
●たい＝体力（たいりょく） 人体
●からだ＝体を きたえる 体つき

才 3画 才才才
●さい＝天才 多才（たさい）

毛 4画 毛毛毛毛
●もう＝毛筆（もうひつ）
●け＝毛が ぬける 毛糸 毛虫

□《あたま》、□《かお》、□《くび》…、□《け》は□《からだ》中《じゅう》に生《は》えて いる。じっさいは 生《は》えて いないが、「□《しん》ぞ

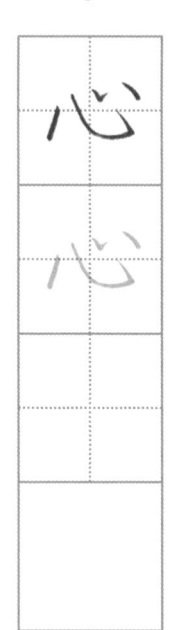

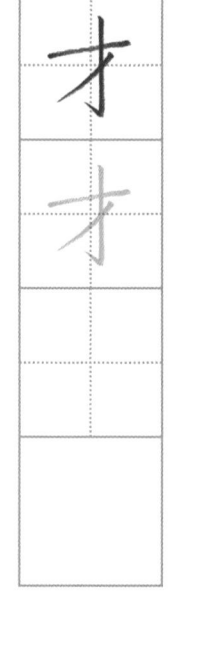

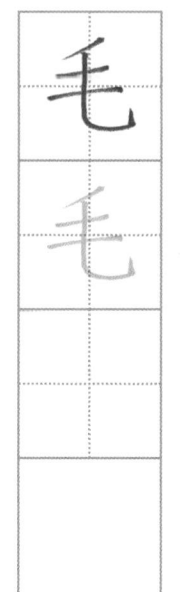

うに［　］《け》が 生《は》えて いる」と いう ことばが ある。
あつかましい ことを 気《き》に せず できる 人《ひと》の ことだ。

顔　18画　顔顔顔顔顔顔
●がん＝顔面（がんめん）
●かお＝顔が 赤くなる　顔色（かおいろ）

顔 顔

頭　16画　頭頭頭頭頭頭
●とう＝二頭の 牛（うし）　先頭
●ず＝頭上　頭つう　頭のう
●あたま＝頭が いたい

頭 頭

首　9画　首首首首首首
●しゅ＝首都（しゅと）
●くび＝首を 出す　手首

首 首

声　7画　声声声声声声
●せい＝音声　発声（はっせい）
●こえ＝声を 出す　歌声（うたごえ）　かけ声　小声

声 声

できたよ!

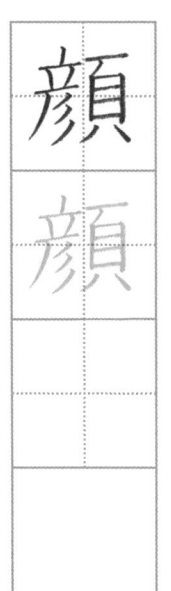

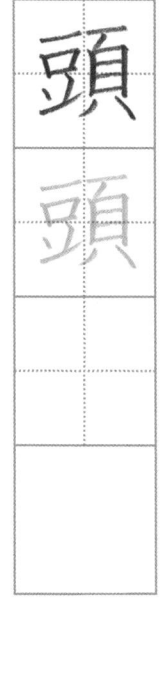

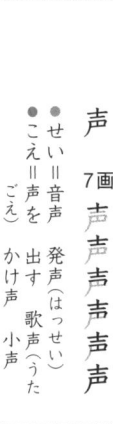

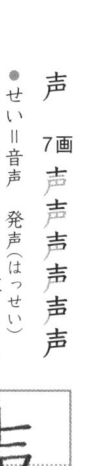

国 8画 国国国国国国国国
- こく＝国土　国王　外国(がいこく)　国歌(こっか)
- くに＝行(い)って　みたい　国　雪国(ゆきぐに)

国	国			

社 7画 社社社社社社社
- しゃ＝社会(しゃかい)　会社(かいしゃ)　社長(しゃちょう)　寺社(じしゃ)
- やしろ＝古(ふる)い　社

社	社			

語 14画 語語語語語語語語語語語語語語
- ご＝国語(こくご)　日本語
- かたる＝むかし話(ばなし)を　語る　語り手
- かたらう＝友(とも)と　語らう

語	語			

会 6画 会会会会会会
- かい＝会話(かいわ)　会場(かいじょう)　大会
- あう＝先生と　会う

会	会			

□《しゃ》□《かい》の「□《しゃ》」は、「やしろ」とも□《よ》む。元元《もともと》は　かみさまを　まつる　ところを　いみする。

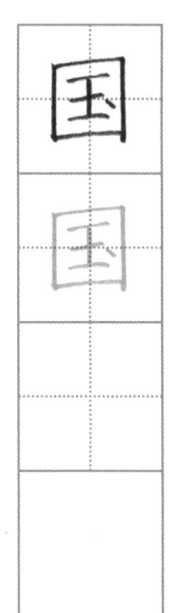

てんじて、人《ひと》が　あつまる　ことを　いみ　するように

なった。はんたいに

□《か》くと、□《かい》□《しゃ》だ。

科　9画　科科科科科科

●か＝教科書（きょうかしょ）　科目（かもく）　理科（りか）　科

理　11画　理理理理理理

●り＝理科（りか）　地理（ちり）

読　14画　読読読読読読

●どく＝読書（どくしょ）　音読
●とく＝読本
●とう＝読点（とうてん）
●よむ＝本を　読む　読み書（か）き

書　10画　書書書書書書

●しょ＝書名（しょめい）　書写（しょしゃ）　図書（としょ）
●かく＝字を　書く　よせ書き

できたよ!

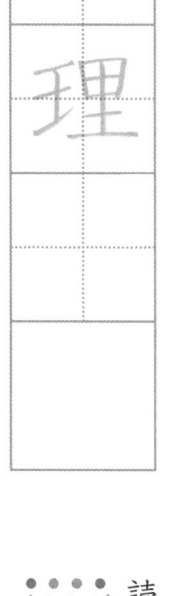

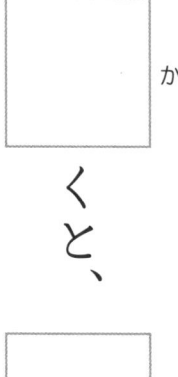

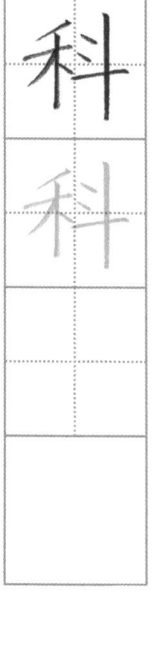

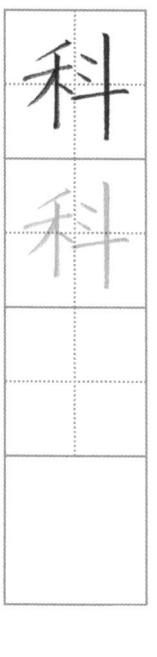

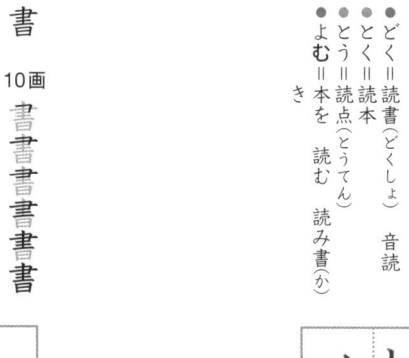

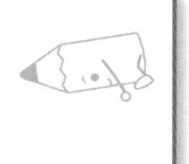

算　14画　算算算算算算

- さん＝算数（さんすう）　計算（けいさん）　足（た）し算（ざん）

算　算

数　13画　数数数数数数

- すう＝数字　数人　点数（てんすう）　日数
- かず＝年（とし）の　数　口数
- かぞえる＝数を　数える　数え歌（うた）

数　数

図　7画　図図図図図図

- ず＝図画工作（ずがこうさく）　図かん　地図（ちず）
- と＝図書（としょ）　意図（いと）

図　図

画　8画　画画画画画画

- が＝画用紙（がようし）　図画工作（ずがこうさく）
- かく＝計画（けいかく）　画数（かくすう）

画　画

［　］ず［　］が［　］こう［　］さく　で　よく　つかわれて　いる

［　］が［　］よう［　］し　を、たてよこ　一《いち》ミリメートルの

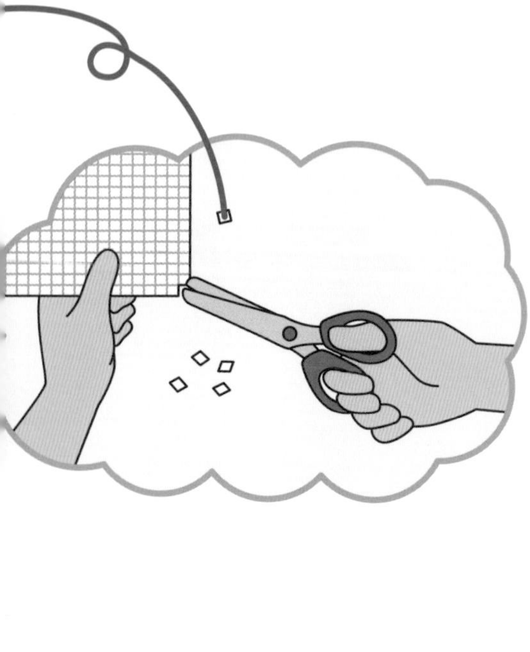

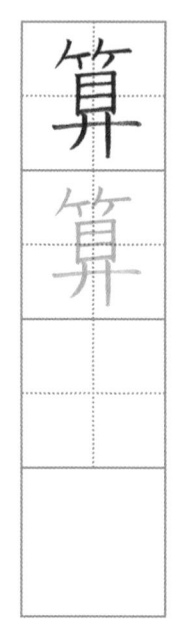

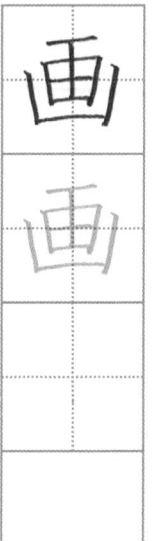

四角《しかく》に　なるように　切《き》りきざみ、ぜんぶ　つみかさねると、
四十《よんじゅう》メートルい上《じょう》に　なる。□□《さんすう》で　わかるかな。

※画用紙は一般的な四つ切り（540×380mm）、紙の厚さは0.2mmで計算。

作　7画　作作作作作作作
- さく＝作文　作家（さっか）
- さ＝作業（さぎょう）　作用（さよう）
- つくる＝米（こめ）を　作る

工　3画　工工工
- こう＝工場（こうじょう）　工作（こうさく）　工事（こうじ）
- く＝大工　細工（さいく）

紙　10画　紙紙紙紙紙紙紙紙紙紙
- し＝半紙（はんし）　新聞紙（しんぶんし）　白紙（はくし）
- かみ＝紙くず　手紙

用　5画　用用用用用
- よう＝用紙（ようし）　用心（ようじん）
- もちいる＝ペンを　用いて　書（か）く

できたよ！

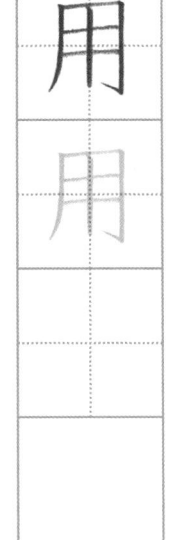

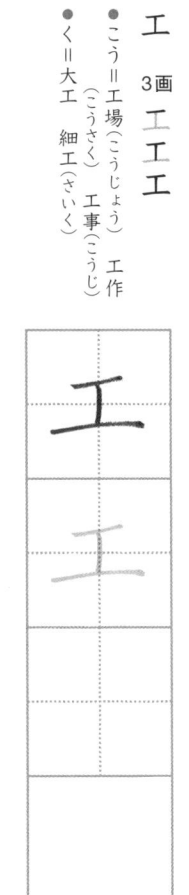

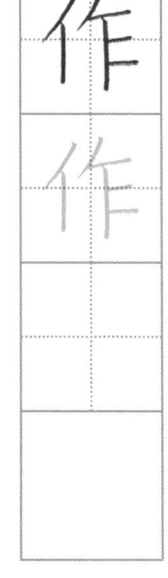

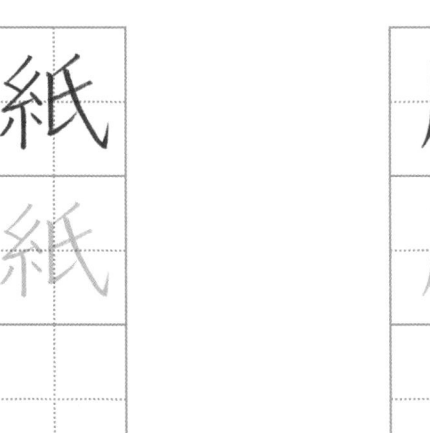

友 4画 友友友友
●ゆう＝友人 親友(しんゆう)
●とも＝友と 出会(であ)う

組 11画 組組組組組組
●そ＝組織(そしき)
●くむ＝林さんと 組む 組み立て
●くみ＝三年一組 番組(ばんぐみ)

歌 14画 歌歌歌歌歌歌
●か＝校歌 歌手
●うた＝すきな 歌 歌声(うたごえ)
●うたう＝大きな 声(こえ)で 歌う

楽 13画 楽楽楽楽楽楽
●がく＝音楽
●らく＝楽な しごと 楽園(らくえん)
●たのしい＝楽しい あそび
たのしむ＝本を 楽しむ

小《こ》□《むぎ》と 大《おお》□《むぎ》は、せたけも みの 大《おお》きさも
さほど かわらない。かわるのは、みの 中《なか》の グルテン

小麦《こむぎ》

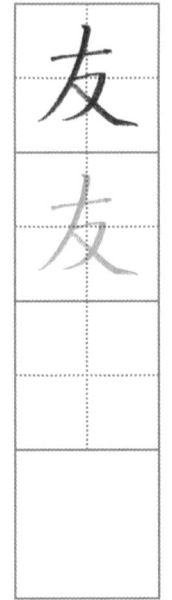

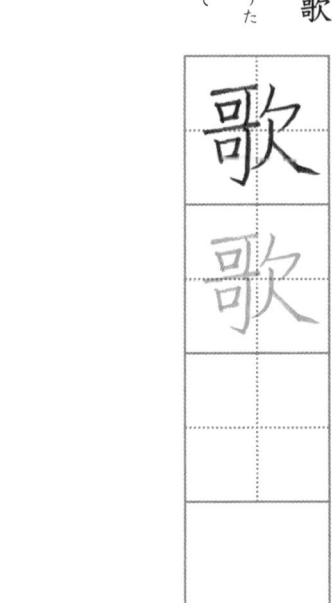

という、ねばり気《け》を　うむ　タンパクしつの　りょうで、
それを　多《おお》く　ふくむ　小《こ》□《むぎ》　は、パンや　めん向《む》きだ。

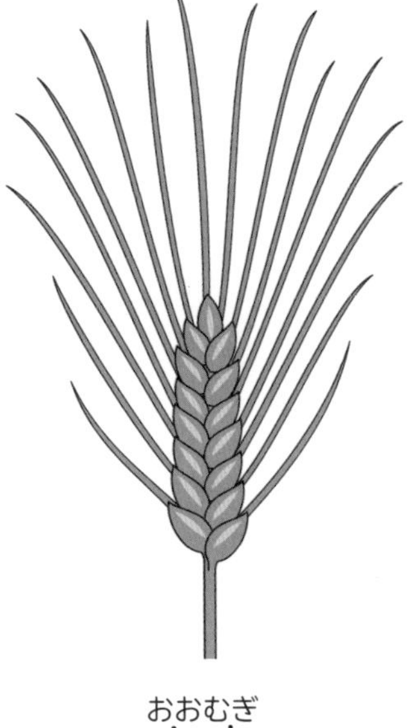
大麦《おおむぎ》

米　6画　米米米米米米
●べい＝米作(べいさく)　米食(べいしょく)
●まい＝白米(はくまい)　新米(しんまい)
●こめ＝米を　たく　米つぶ

米

麦　7画　麦麦麦麦麦麦麦
●むぎ＝麦わら　麦茶(むぎちゃ)　小麦色(こむぎいろ)

麦

肉　6画　肉肉肉肉肉肉
●にく＝ぶた肉　やき肉

肉

食　9画　食食食食食食食食食
●しょく＝夕食　食後(しょくご)　食事(しょくじ)
●くう＝めしを　食う　虫食い
●たべる＝肉(にく)を　食べる　食べごろ

食

できたよ!

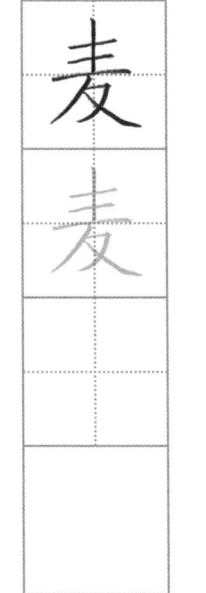

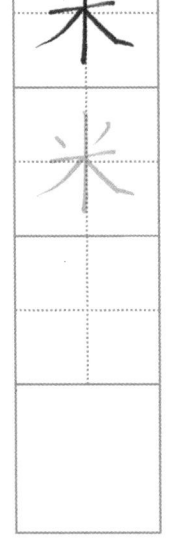

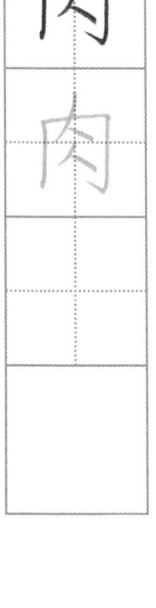

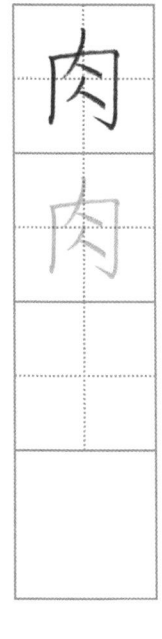

色 6画 色色色色色色

- しょく＝三色の ペン
- しき＝色紙（しきし）
- いろ＝色を ぬる 赤色

色 色

茶 9画 茶茶茶茶茶茶

- ちゃ＝茶色（ちゃいろ） 茶わん

茶 茶

黄 11画 黄黄黄黄黄黄

- おう＝黄金（おうごん）
- き＝黄色（きいろ）

黄 黄

黒 11画 黒黒黒黒黒黒

- こく＝黒板（こくばん）
- くろ＝黒インク 黒土 白黒
- くろい＝黒い けむり

黒 黒

りように よるが、□《き》□《いろ》に 青《あお》を まぜると

みどりに、赤《あか》を まぜると オレンジ□《いろ》に なる。

ふつうの　カラーいんさつは、青《あお》と　赤《あか》と　□《き》□《いろ》と　□《くろ》の　四《よん》□《しょく》の　インクしか　つかって　いない。

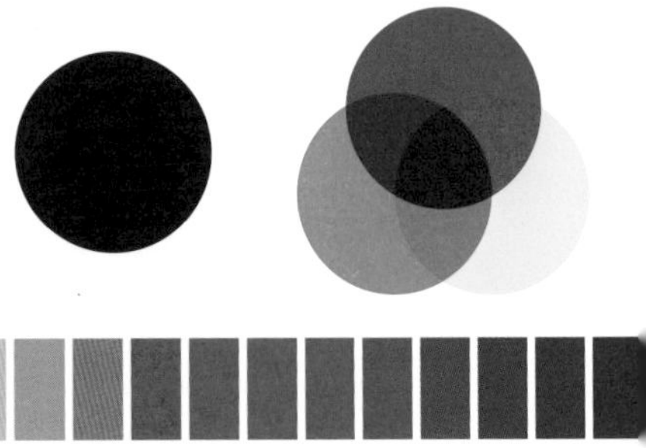

絵　12画　絵絵絵絵絵絵

● かい＝絵画（かいが）
● え＝絵を　かく　絵本

絵 絵

記　10画　記記記記記記

● き＝記号（きごう）　日記
● しるす＝ノートに　書（か）き記す

記 記

形　7画　形形形形形形

● けい＝三角形（さんかくけい）　地形（ちけい）
● ぎょう＝人形
● かた＝形見　手形（てがた）
● かたち＝とがった　形

形 形

丸　3画　丸丸丸

● がん＝ほう丸なげ
● まる＝丸を　つける　丸顔（まるがお）　丸太（まるた）
● まるい＝丸い　玉
● まるめる＝紙（かみ）を　丸める

丸 丸

できたよ!

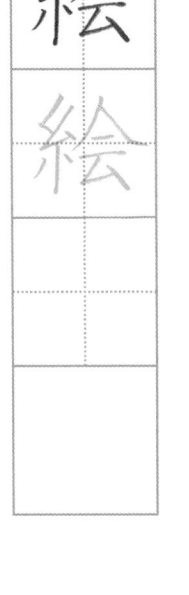

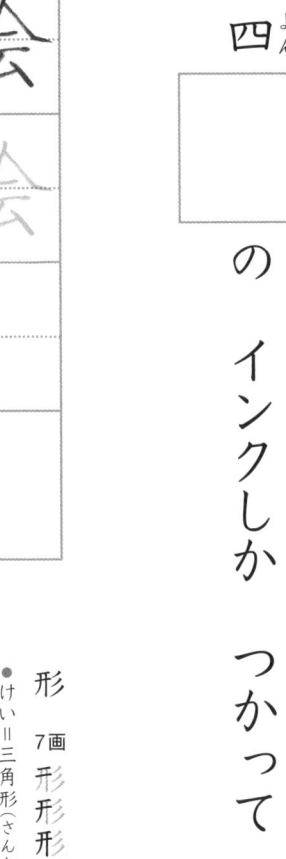

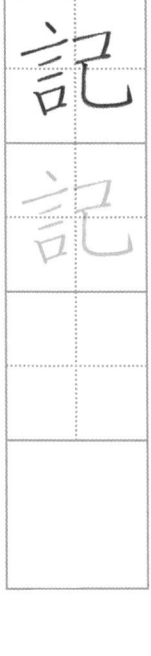

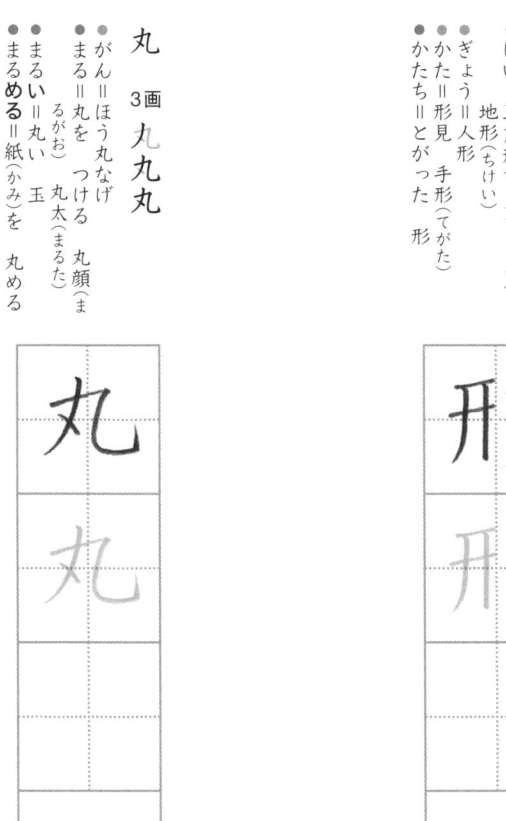

直　8画　直直直直直直直直
●ちょく＝一直線（いっちょくせん）　日直
●じき＝正直（しょうじき）
●ただちに＝直ちに　行（おこな）う
●なおす＝くせを　直す
●なおる＝きげんが　直る

線　15画　線線線線線線線線
●せん＝直線（ちょくせん）　点線（てんせん）　白線（はくせん）

太　4画　太太太太
●たい＝太陽（たいよう）　太古（たいこ）
●た＝丸太（まるた）
●ふとい＝太い　線（せん）　太字
●ふとる＝食（た）べすぎて　太る

細　11画　細細細細細細
●さい＝細工（さいく）　細心（さいしん）
●ほそい＝細い　ひも
●ほそる＝食（しょく）が　細る
●こまか＝細かに　話（はな）す
●こまかい＝細かい　字を　書（か）く

じょうぎを　つかわずに、紙《かみ》の　上《うえ》の　二《ふた》つの　□《てん》を
通《とお》る　□《ちょく》□《せん》を　□《ひ》きたいが、どうすべきか。

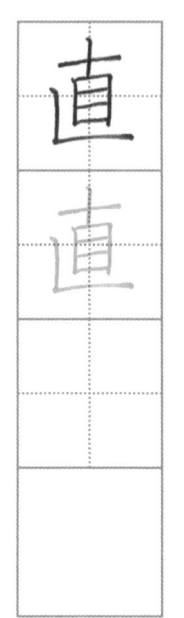

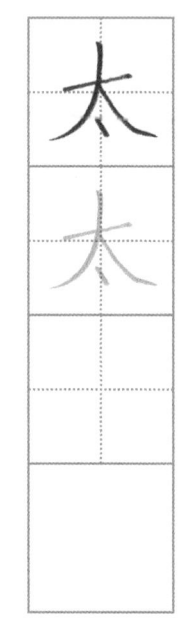

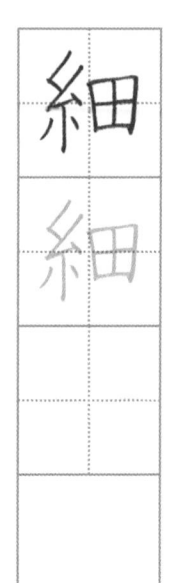

おり目《め》に　りょう方《ほう》の□《てん》が　のるように　して、紙《かみ》を　おれば　よい。間《あいだ》が□《なが》いと　むずかしいが。

長　8画
●ちょう＝長文　会長(かいちょう)　船長(せんちょう)
●ながい＝長い　川　長年　気長

広　5画
●こう＝広告(こうこく)
●ひろい＝広い　家(いえ)　広場(ひろば)
●ひろまる＝うわさが　広まる
●ひろめる＝教(おし)えを　広める
●ひろがる＝はばが　広がる
●ひろげる＝新聞(しんぶん)を　広げる

引　4画
●いん＝さく引　引力(いんりょく)
●ひく＝線(せん)を　引く　つな引き
●ひける＝気が　引ける

点　9画
●てん＝点火　点数(てんすう)

できたよ!

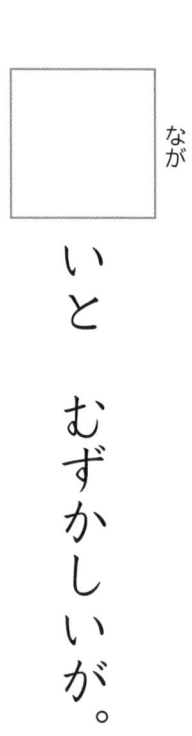

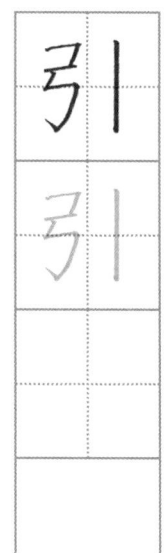

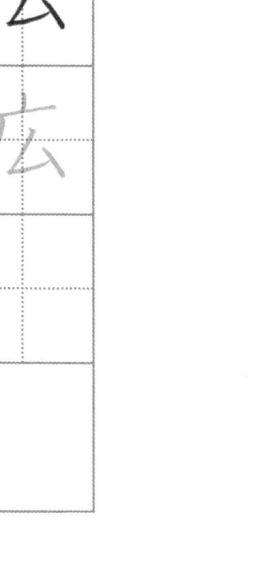

古　5画　古古古古古
●こ＝古風（こふう）　中古
●ふるい＝古い　本
●ふるす＝くつを　はき古す

古

新　13画　新新新新新新
●しん＝新年　新人　新入生　新車
●あたらしい＝新しい　本
●あらた＝新たな　年（とし）を　むかえる
●にい＝新づま

新

弱　10画　弱弱弱弱弱弱
●じゃく＝弱点（じゃくてん）　弱小（じゃくしょう）
●よわい＝弱い　風（かぜ）　弱気　弱虫
●よわる＝体（からだ）が　弱る
●よわまる＝雨が　弱まる
●よわめる＝火を　弱める

弱

強　11画　強強強強強強
●きょう＝強弱（きょうじゃく）　強風（きょうふう）
●つよい＝強い　体（からだ）　力強い
●つよまる＝雨が　強まる
●つよめる＝火を　強める

強

「そで　ふり合《あ》うも　□《た》生《しょう》の　えん」と　いう　ことわざが　ある。ささいな　ことも、□《ふる》く（前《ぜん》せ）から

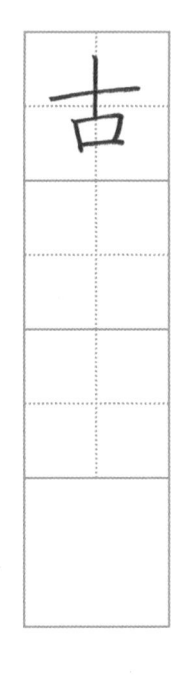

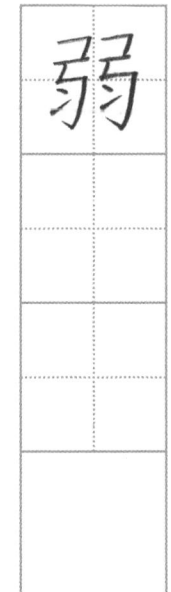

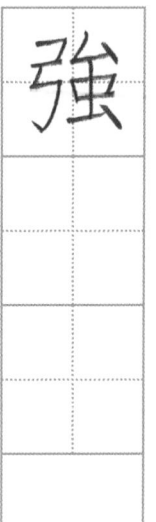

の□《つよ》い　えんに　よる　ものだと　いう　いみだが、
「たしょう」は、「多少《たしょう》」では　ないので、ちゅうい。

少　4画　少少少少
● しょう＝少年　少女　少数(しょうすう)
● すくない＝人数(にんずう)が　少ない
● すこし＝少し　元気(げんき)に　なる

多　6画　多多多多多多
● た＝多少(たしょう)　多数(たすう)
● おおい＝数(かず)が　多い

高　10画　高高高高高高高高高高
● こう＝高原(こうげん)　高校生
● たかい＝高い　山　名高(なだか)い
● たか＝売上高(うりあげだか)　高が　知(し)れる
● たかまる＝人気が　高まる
● たかめる＝声(こえ)を　高めて　言(い)う

同　6画　同同同同同同
● どう＝同時(どうじ)　同点(どうてん)　一同
● おなじ＝同じ　本　色(いろ)が　同じ

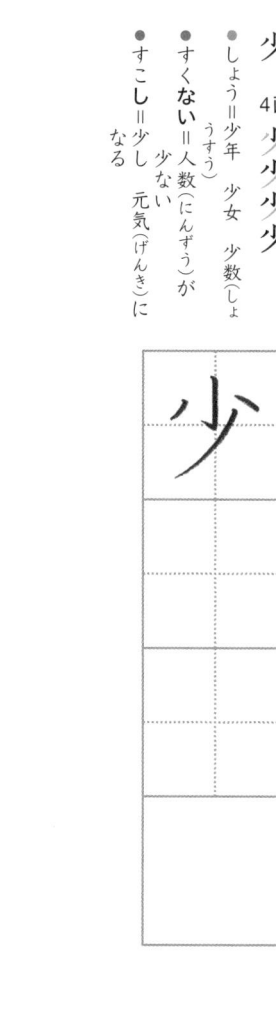

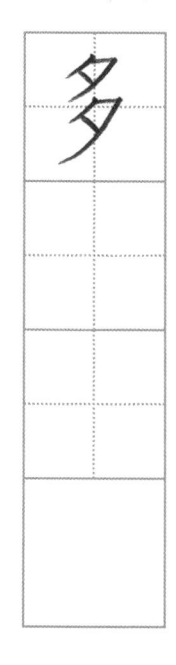

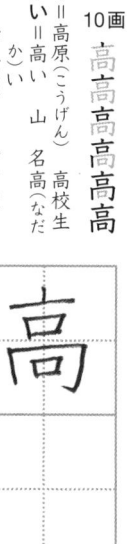

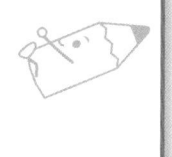

当 6画 当当当当当当
- とう＝当番(とうばん) 当時(とうじ) 見当(けんとう)
- あたる＝風(かぜ)が 当たる 当たり前(まえ)
- あてる＝光(ひかり)を 当てる 手当て

当 当

答 12画 答答答答答答答答答答答答
- とう＝返答(へんとう) 回答(かいとう)
- こたえる＝大きな 声(こえ)で 答える
- こたえ＝紙(かみ)に 答えを 書(か)く

答 答

知 8画 知知知知知知知知
- ち＝知人 知事(ちじ)
- しる＝やり方(かた)を 知る 知り合(あ)い

知 知

思 9画 思思思思思思思思思
- し＝思考(しこう)
- おもう＝よいと 思う 思い出

思 思

「□(き)くは 一時《いっとき》の はじ、□(き)かぬは 一生《いっしょう》の はじ」

と いう ことわざが ある。はずかしくても、□(し)ら

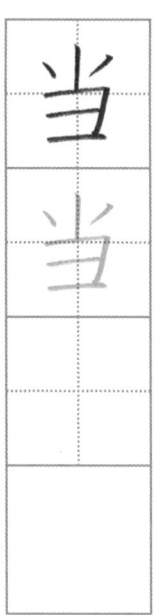

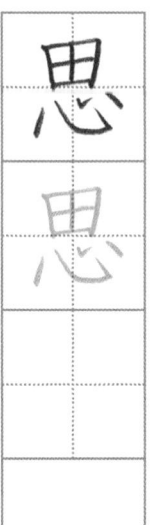

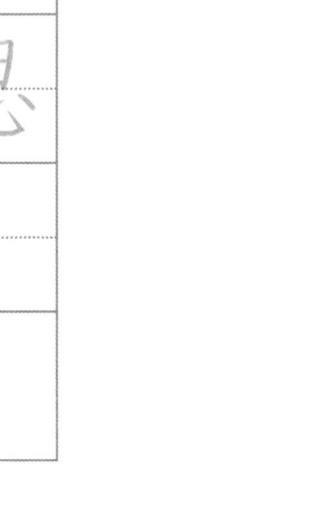

ない ことは すぐ □《き》くべきで、一生《いっしょう》 □《し》らない ままなのは、もっと はずかしいと いう いみだ。

聞 14画 聞聞聞聞聞聞聞
●ぶん＝新聞（しんぶん）
●きく＝先生の 話（はなし）を 聞く
●きこえる＝音が 聞こえる

考 6画 考考考考考考
●こう＝思考（しこう）
●かんがえる＝よく 考える

言 7画 言言言言言言言
●げん＝言語（げんご） 方言（ほうげん）
●ごん＝他言（たごん）
●いう＝名前（なまえ）を 言う
●こと＝ひとり言（ごと） 言葉（ことば）

話 13画 話話話話話話話
●わ＝電話（でんわ） 会話（かいわ）
●はなす＝先生に 話す
●はなし＝話を 聞（き）く

できたよ!

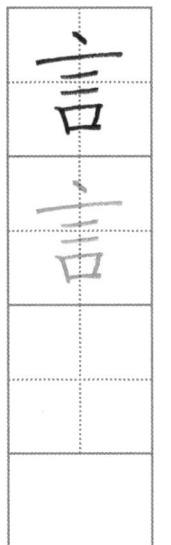

歩 8画 歩歩歩歩歩歩歩歩

●ほ＝歩道(ほどう)　歩行(ほこう)　二歩

●あるく＝ゆっくり　歩く

●あゆむ＝自分(じぶん)が　歩んで　きた　道(みち)

歩　歩

走 7画 走走走走走走走

●そう＝走者(そうしゃ)　力走(りきそう)

●はしる＝馬(うま)が　走る　走り書(が)き

走　走

道 12画 道道道道道道道道道道道道

●どう＝国道(こくどう)　地下道(ちかどう)　道場(どうじょう)

●みち＝道草　あぜ道　道ばた

道　道

里 7画 里里里里里里里

●り＝千里　郷里(きょうり)

●さと＝山里　人里

里　里

□《てら》の□《もん》□《ばん》は□《きょう》とまでの十《じゅう》□《り》の□《みち》を□《ある》いた。さて、何《なん》キロメートル

1里《り》＝やく4キロメートル

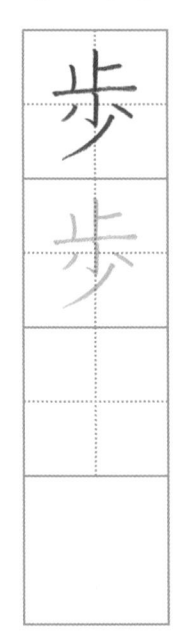

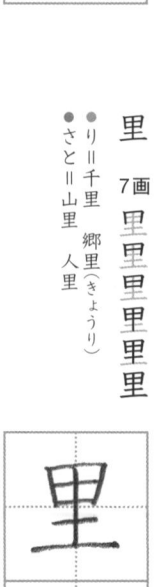

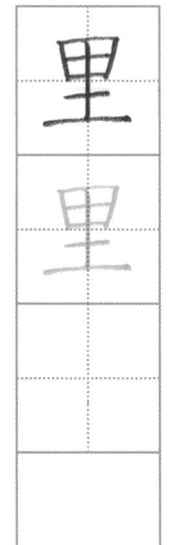

□《ある》いたか。一《いち》□《り》は　やく　四《よん》キロメートルだから、やく　四十《よんじっ》キロメートルだ。

京　8画　京京京京京京京京
●きょう＝東京（とうきょう）　京都（きょうと）　京

京　京

寺　6画　寺寺寺寺寺寺
●じ＝寺院（じいん）　…寺
●てら＝寺に　おまいりする

寺　寺

門　8画　門門門門門門門門
●もん＝正門（せいもん）　校門　名門（めいもん）

門　門

番　12画　番番番番番番番番番番番番
●ばん＝二番目　るす番　出番

番　番

できたよ!

※古代の１里の距離とは異なる。
中国における１里の距離とも異なる。

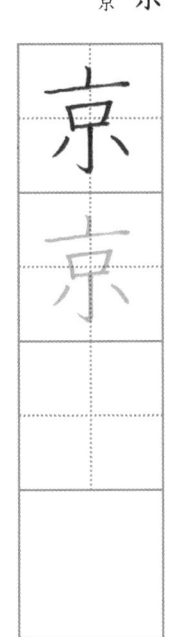

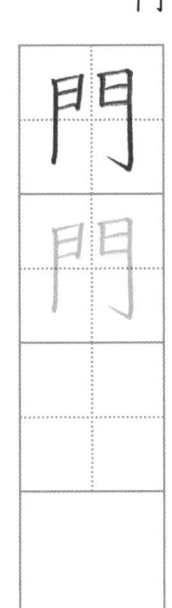

帰 10画 帰帰帰帰帰帰帰帰帰帰

- き＝帰国(きこく) 帰港(きこう)
- かえ**る**＝学校から 帰る 帰り道(みち)
- かえ**す**＝一年生を 家(いえ)へ 帰す

帰 帰

来 7画 来来来来来来来

- らい＝来年 来月 来場(らいじょう)
- く**る**＝人が 来る 春(はる)が 来る

来 来

行 6画 行行行行行行

- こう＝行進(こうしん) 通行(つうこう)
- ぎょう＝三行目
- い**く**＝バスで 行く
- ゆ**く**＝行く手 行き帰(かえ)り
- おこな**う**＝朝(あさ)の 会(かい)を 行う

行 行

止 4画 止止止止

- し＝中止 休止(きゅうし) 止血(しけつ)
- と**まる**＝息(いき)が 止まる
- と**める**＝車を 止める 通行止(つうこうど)め

止 止

人《ひと》に よばれ、その 人《ひと》の 方《ほう》に 向《む》かって いる とき、

日本語《にほんご》では、「今《いま》、（そっちに）□《い》くよ。」と 言《い》うが、

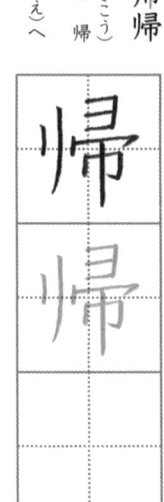

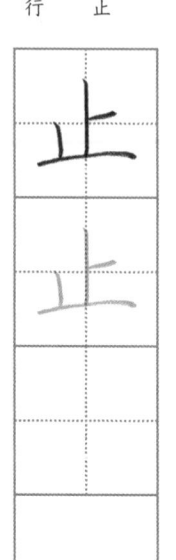

えい語《ご》では、「今《いま》、（そっちに）□《く》るよ（アイム カミング）。」と言《い》う。

内　4画　内内内内
- ない＝国内（こくない）　室内（しつない）　体内（たいない）　内心（ないしん）
- うち＝内と　外（そと）　身内（みうち）

外　5画　外外外外外
- がい＝外国（がいこく）　校外
- そと＝家（いえ）の　外　外がわ
- ほか＝思（おも）いの外　うまくいった
- はずす＝ぼたんを　外す
- はずれる＝矢（や）が　外れる　町外れ

公　4画　公公公公
- こう＝公園（こうえん）　公平（こうへい）

園　13画　園園園園園園
- えん＝公園（こうえん）　園長（えんちょう）

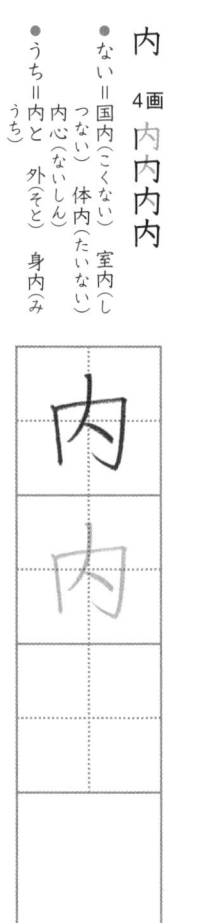

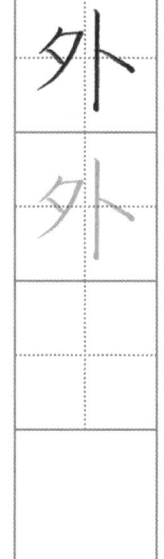

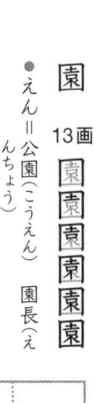

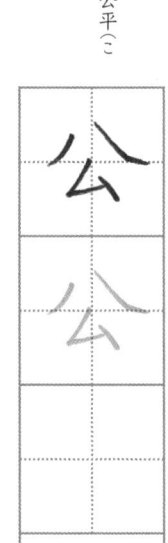

交 6画 交交交交交交
- こう＝交通（こうつう） 交番（こうばん） 親交（しんこう）
- まじわる＝二本の 道（みち）が 交わる
- まじえる＝刀（かたな）を 交える
- まじる＝すなの 中に 石が 交じる
- まざる＝米（こめ）と 麦（むぎ）が 交ざる
- まぜる＝赤と 白の 花を 交ぜる

交 交

通 10画 通通通通通通通通通通
- つう＝通じる 通学
- とおる＝人が 通る 通りすがり
- とおす＝車を 通す 歩（ある）き通す
- かよう＝学校に 通う 心（こころ）が 通う

通 通

近 7画 近近近近近近近
- きん＝近所（きんじょ） 近海（きんかい）
- ちかい＝山が 近い 近道（ちかみち）

近 近

遠 13画 遠遠遠遠遠遠遠遠遠遠遠遠遠
- えん＝遠足 遠近（えんきん）
- とおい＝遠い 道（みち）のり

遠 遠

ほうりつ上《じょう》、自《じ》てん車《しゃ》は 「けい車《しゃ》りょう」と いう 車《くるま》の なか間《ま》だ。だから、せいげんそくどを こえて 走《はし》る

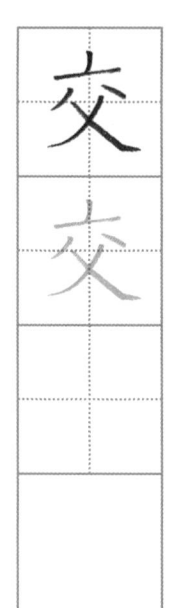

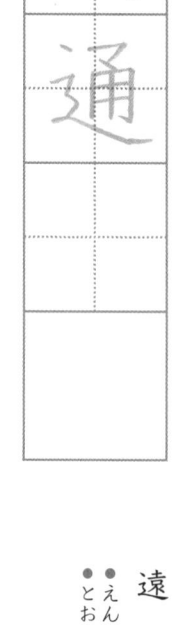

と　スピードいはんだし、□《でん》話《わ》を　しながらの　走行《そうこう》

も　いはんだ。□《こう》□《つう》ルールは　まもろう。

汽　7画　汽汽汽汽汽汽汽
●き＝汽車　汽船（きせん）

船　11画　船船船船船船船
●せん＝船長（せんちょう）　風船（ふうせん）
●ふね＝船が　走（はし）る　湯船（ゆぶね）
●ふな＝船出　船旅（ふなたび）

電　13画　電電電電電電電
●でん＝電気　電力（でんりょく）　電車　電話（でんわ）

台　5画　台台台台台
●だい＝台形（だいけい）　台本　台紙（だいし）
●たい＝台風（たいふう）

できたよ!

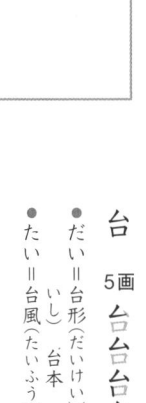

牛 4画 牛牛牛牛
●ぎゅう＝牛肉(ぎゅうにく) 牛にゅう
●うし＝牛や 馬(うま) 子牛

牛 牛

魚 11画 魚魚魚魚魚魚
●ぎょ＝金魚 人魚 木魚
●うお＝魚市場(うおいちば)
●さかな＝魚を 食(た)べる 魚つり

魚 魚

馬 10画 馬馬馬馬馬馬
●ば＝馬車 馬力(ばりき) 木馬 白馬(はくば)
●うま＝馬が かける
●ま＝絵馬(えま)

馬 馬

鳥 11画 鳥鳥鳥鳥鳥鳥
●ちょう＝野鳥(やちょう) 白鳥(はくちょう)
●とり＝小鳥 わたり鳥

鳥 鳥

コウモリは □《とり》 では ない。ゆいいつ、□《は》 ばたいて とぶ ことが できる、ほにゅうるいだ。ムササビや

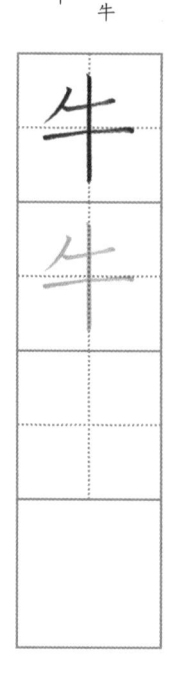

モモンガは　かっ空《くう》は　するが、□《は》ばたいては　とべない。なお、コウモリの□《な》き声《ご》は　ちょう音《おん》ぱだ。

羽　6画　羽羽羽羽羽羽
- はね＝羽を　広(ひろ)げる
- は＝羽根(はね)つき　羽目

鳴　14画　鳴鳴鳴鳴鳴鳴
- めい＝悲鳴(ひめい)
- なく＝鳥(とり)が　鳴く　鳴き声(ごえ)
- なる＝ベルが　鳴る
- ならす＝すずを　鳴らす

野　11画　野野野野野野
- や＝野生　野外(やがい)
- の＝野山　野原(のはら)

活　9画　活活活活活活
- かつ＝生活　活動(かつどう)

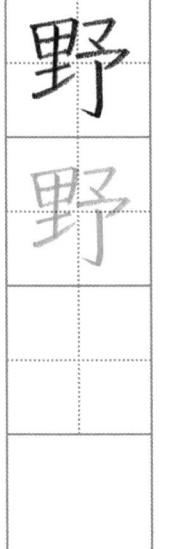

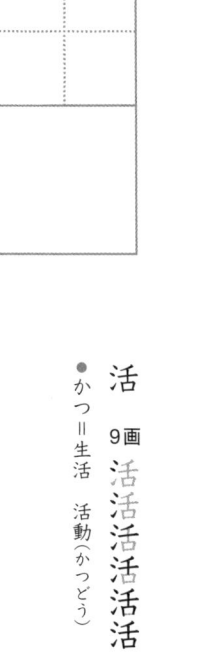

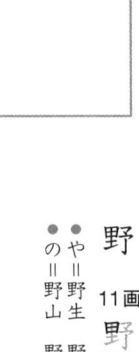

市　5画　市市市市市
- し＝市町村(しちょうそん)　市長(しちょう)…市
- いち＝市場(いちば)　朝市(あさいち)

市　市

売　7画　売売売売売売売
- ばい＝売店(ばいてん)　商売(しょうばい)
- うる＝花を　売る　売り場(ば)
- うれる＝よく　売れる　本

売　売

場　12画　場場場場場場
- じょう＝入場　出場(しゅつじょう)　うんどう場
- ば＝場合(ばあい)　場所(ばしょ)

場　場

買　12画　買買買買買買
- ばい＝売買(ばいばい)
- かう＝売(う)り買い　買いもの

買　買

フリーマーケットは、「自《じ》ゆう」に　□《ばい》□《ばい》　する

□《いち》□《ば》で　ある　ことに　ちがいないが、「フリー」

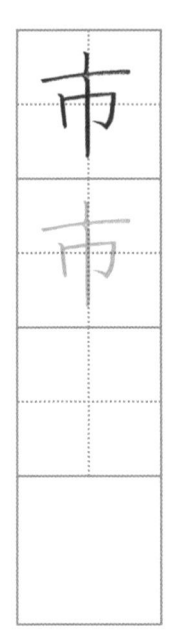

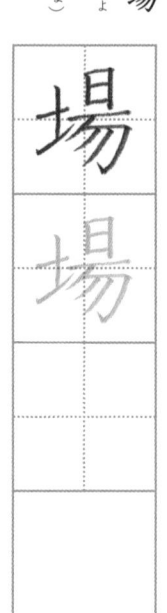

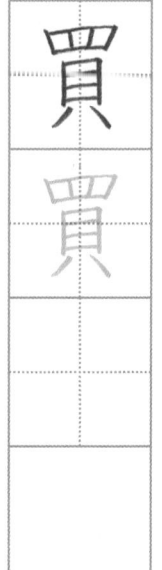

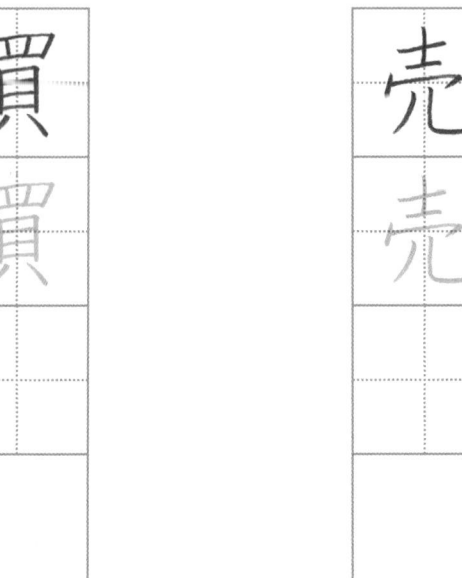

の　元元《もともと》の　いみは、「自《じ》ゆう」では　なく、虫《むし》の「のみ」。

つまり、「のみの　□《いち》」の　ことだ。

合　6画　合合合合合合

- ごう＝合計(ごうけい)　合同(ごうどう)
- がっ＝合体(がったい)
- かっ＝合戦(かっせん)
- あう＝答(こた)えが　合う
- あわす＝手を　合わす　合図(あいず)
- あわせる＝顔(かお)を　合わせる

計　9画　計計計計計計計計計

- けい＝計算(けいさん)　計画(けいかく)　合計(ごうけい)
- はかる＝時間(じかん)を　計る
- はからう＝親切(しんせつ)な　計らい

時計

- とけい＝時計を　見る　うで時計

万　3画　万万万

- まん＝十万円　万年雪(まんねんゆき)

店　8画　店店店店店店店店

- てん＝書店(しょてん)　売店(ばいてん)　本店
- みせ＝店を　ひらく　店先(みせさき)　夜店(よみせ)

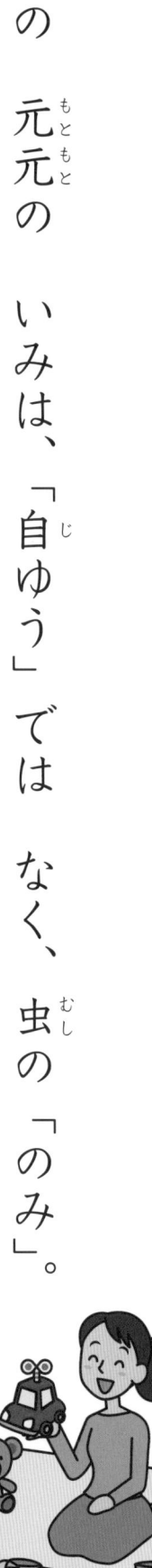

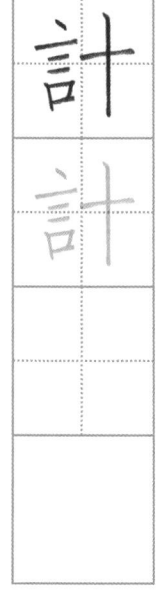

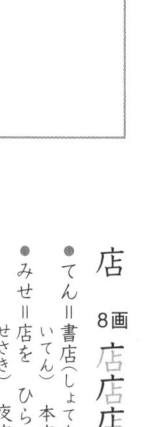

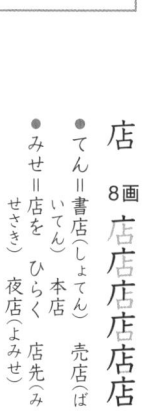

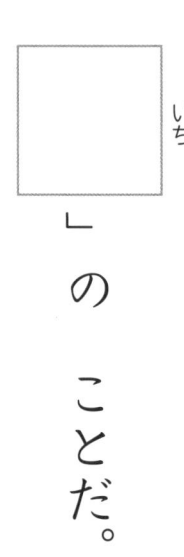

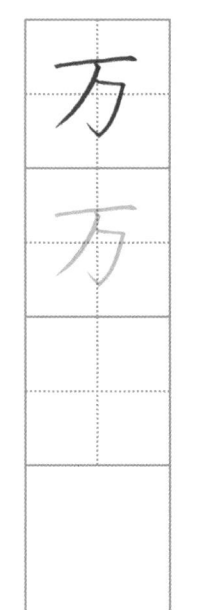

刀 2画 刀刀

●とう＝日本刀 木刀（ぼくとう）

●かたな＝刀で 切（き）る 小刀（こがたな）

切 4画 切切切切

●せつ＝大切 親切（しんせつ）

●きる＝紙（かみ）を 切る 切り口

●きれる＝糸が 切れる 一切れ

弓 3画 弓弓弓

●ゆみ＝弓なりに そる

矢 5画 矢矢矢矢矢

●や＝矢が 当（あ）たる 弓矢（ゆみや）

日本《にほん》では、ピストルは もちろん、□《かたな》を きよかなく もっている ことは、ほうりつで きん止《し》されて いる。

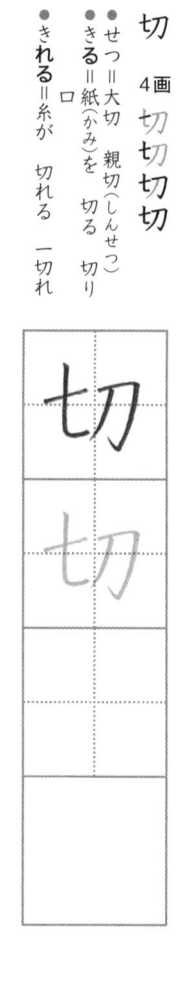

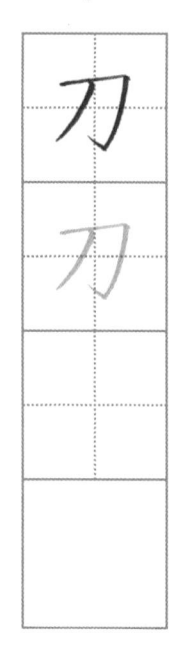

いわゆる　クロスボウ（ボーガン）と　よばれる、強力《きょうりょく》な　□《ゆみ》□《や》も　きん止《し》される　ことに　なった。

※骨董品は登録により所持できる。

教　11画　教教教教教教教教教教教
●きょう＝教科（きょうか）　教室（きょうしつ）
●おしえる＝道（みち）を　教える
●おそわる＝先生に　教わる

教　教

室　9画　室室室室室室室室室
●しつ＝教室（きょうしつ）　理科室（りかしつ）

室　室

家　10画　家家家家家家家家家家
●か＝家族（かぞく）　国家（こっか）
●け＝家来（けらい）　王家
●いえ＝家に　帰（かえ）る
●や＝空（あ）き家　大家

家　家

戸　4画　戸戸戸戸
●こ＝戸外（こがい）　戸数（こすう）
●と＝戸を　しめる　雨戸（あまど）

戸　戸

できたよ!

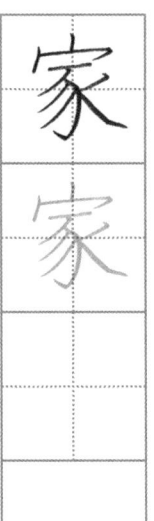

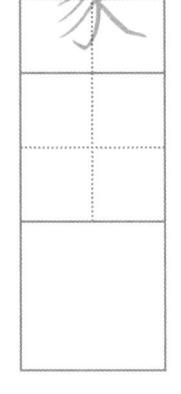

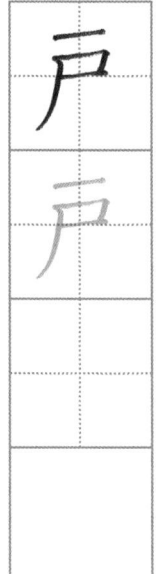

自分《じぶん》の 考《かんが》えを 書《か》いて みよう

うちゅう人に「右」と「左」とは何かをせつ明するのは、とてもむずかしいらしい。わたしなら、つぎのようにせつ明する。

自分《じぶん》の考《かんが》えとことばで文《ぶん》をつけ足《た》していこう。

あたらしいだんらくにするときは、はじめの一《ひと》ますをあけるよ。

うちゅう人《じん》は
地《ち》きゅうの
ことを
ぜんぜん
知《し》らないから、
おはしを　もつ
ほうが　右《みぎ》と
言《い》うだけでは、
つたわらないね。
そもそも
おはしを
知《し》らないので。

参考文献

『あたらしい しょしゃ 一』(2021、東京書籍)
『新しい しょしゃ 二』(2021、東京書籍)
『しょしゃ れんしゅうちょう 一ねん ひらがな』(2021、東京書籍)
『しょしゃ れんしゅうちょう 一ねん かたかな・かんじ』(2021、東京書籍)
『しょしゃ れんしゅうちょう 二年 上』(2021、東京書籍)
『しょしゃ れんしゅうちょう 二年 下』(2021、東京書籍)
『新編 大言海』(1982、冨山房)
『広辞苑 第七版』(2018、岩波書店)
『大辞林 第四版』(2019、三省堂)
『語源海』(2005、東京書籍)
『日本語源大辞典』(2005、小学館)
『改訂新版 世界大百科事典』(2007、平凡社)
『地球博物学大図鑑』(2012、東京書籍)
『新しい科学の話』(2017、東京書籍)

企画・編集　小島　卓(東京書籍)
編集協力　小池　彩恵子(東京書籍)
ブックデザイン　長谷川　理(Phontage Guild)

ひらがな　カタカナ　小《しょう》2までのかん字《じ》
うまく書《か》けるドリル

令和三年九月十日　第[redacted]刷発行

編著者　東京書籍《とうきょうしょせき》 出版事業部《しゅっぱんじぎょうぶ》

発行者　千石雅仁

発行所　東京書籍株式会社
〒114-8524　東京都北区堀船2-17-1
電話　03-5390-7531(営業)
03-5390-7526(編集)
ホームページ　https://www.tokyo-shoseki.co.jp

印刷・製本　株式会社リーブルテック

ISBN 978-4-487-81533-3
C 6081